*

*Alle Geschöpfe der Erde
lieben, leiden und sterben wie wir.
Also sind sie uns gleichgestellte Werke des Schöpfers,
unsere Brüder.*

(Franz von Assisi)

*

Soll ich
meines Bruders Hüter sein?

Tiere in der Bibel

Was sagt die Bibel über den
Umgang mit Tieren und unserer
von Gott gegebenen Aufgabe?

Was über Tierquälerei? Tierschutz?
Tiere in Not?

FSC
www.fsc.org
MIX
Papier aus ver-
antwortungsvollen
Quellen
Paper from
responsible sources
FSC® C105338

Bibliografische Information der Deutschen Nationalbibliothek:
Die Deutsche Nationalbibliothek verzeichnet diese Publikation in der Deutschen Nationalbibliografie; detaillierte bibliografische Daten sind im Internet über http://dnb.dnb.de abrufbar.

Verlag: BoD · Books on Demand GmbH,
In de Tarpen 42, 22848 Norderstedt, bod@bod.de
Druck: Libri Plureos GmbH, Friedensallee 273, 22763 Hamburg

ISBN: 978-3-7597-6817-9

Antonia Katharina Tessnow
www.antonia-katharina.de

Inhaltsverzeichnis

Römer 3, 9 – 18

Die Schuld aller Menschen, oder auch: über die Gottlosen

Was gilt nun? Haben wir einen Vorteil? Nein, nicht unbedingt. Vorher haben wir ja die Anklage erhoben, dass alle, Juden wie Griechen, unter der Sünde sind, wie geschrieben steht:

Da ist kein Gerechter, auch nicht einer, da ist keiner, der Verstand hätte, da ist keiner, der Gott suchte.

Alle sind sie vom Weg abgekommen, allesamt taugen sie nichts; da ist keiner, der sich in Güte übte, keiner, auch nicht einer. Ein offenes Grab ist ihr Schlund, mit ihrer Zunge verbreiten sie Lug und Trug, Natterngift bergen ihre Lippen. Ihr Mund ist voller Fluch und Bitterkeit, rasch sind ihre Füße bereit, Blut zu vergießen,

Verwüstung und Elend säumen ihre Wege, und den Weg des Friedens kennen sie nicht. Gottesfurcht gilt nichts in ihren Augen.

(Züricher)

Römer 3, 9 – 18

Vor Gott sind alle Menschen schuldig

Haben wir Juden nun irgendeinen Vorzug vor den anderen Menschen? Ich sage: Nein, ganz und gar nicht! Denn eben habe ich bewiesen, dass alle Menschen – ob Juden oder Nichtjuden – unter der Herrschaft der Sünde leben. Dasselbe sagt schon die Heilige Schrift:

'Es gibt keinen, auch nicht einen Einzigen, der ohne Sünde ist. Es gibt keinen, der einsichtig ist und nach Gott fragt.

Alle haben sich von ihm abgewandt und sind dadurch für Gott unbrauchbar geworden. Da ist wirklich keiner, der Gutes tut, kein Einziger. Ihre Worte bringen Tod und Verderben. Durch und durch verlogen ist all ihr Reden, und was über ihre Lippen kommt, ist bösartig und todbringend wie Schlangengift. Ihr Mund ist voller Flüche und Gehässigkeiten. Sie sind schnell bereit, Blut zu vergießen.

Sie hinterlassen eine Spur der Verwüstung und des Elends. Den Weg zum Frieden kennen sie nicht, denn sie haben keine Ehrfurcht vor Gott.'

(Hoffnung für Alle)

Teil I

Die Abwendung von Gott und ihre Folgen

Die Fähigkeit des Menschen, grausam zu sein

Nachdem Gott die Erde schuf, die Tiere und auch den Menschen, gebot Er ihnen, sie sollten sich die Tiere untertan machen und über sie herrschen. Jedoch in welcher Weise?

Dann sprach Gott: 'Nun wollen wir Menschen machen, ein Abbild von uns, das uns ähnlich ist! Sie sollen Macht haben über die Fische im Meer, über die Vögel in der Luft, über das Vieh und alle Tiere auf der Erde und über alles, was auf dem Boden kriecht.'
So schuf Gott die Menschen nach seinem Bild, als Gottes Ebenbild schuf er sie und schuf sie als Mann und als Frau.
Und Gott segnete die Menschen und sagte zu ihnen: 'Seid fruchtbar und vermehrt euch! Füllt die ganze Erde und nehmt sie in Besitz! Ich setze euch über die Fische im Meer, die Vögel in der Luft und alle Tiere, die auf der Erde leben, und vertraue sie eurer Fürsorge an.' (1. Mose 1, 26 - 28)

'Nehmt sie in Besitz:' Die herkömmliche Übersetzung 'macht sie euch untertan' hat oft zu dem Missverständnis Anlass gegeben, die Schöpfung sei der Willkür des Menschen ausgeliefert. Nach hebräischem Verständnis gehören Herrschaft und Fürsorge zusammen; die Könige und Fürsten im Alten Orient galten als 'Hirten' des Volkes. Deshalb wird die Fortsetzung, die wörtlich lautet *'Herrscht über (die Fische usw.),'* wiedergegeben durch *'Ich setze euch über die Fische (... usw.) und vertraue sie eurer Fürsorge an.'*[1]

Es gibt etliche erschütternde, eindrückliche und leider wahrhaftige Beispiele für die Grausamkeit gottloser Menschen, die sich in vielfältiger Art und Weise gegenüber der Tierwelt offenbart. Traurigerweise sind die Tiere der Grausamkeit des Menschen in der Regel hilflos und wehrlos ausgeliefert.

Ursprünglich jedoch brachte Gott Adam die Tiere, um sie zu benennen und ein friedliches Miteinander zu gewährleisten. Das Tier ist zwar biblisch gesehen keine Gehilfin für den Menschen, wie die Frau es ist, aber das Tier ist Begleiter und Bestandteil des menschlichen Lebens. So ist der Mensch dazu angehalten, in richtiger Weise über die Tiere zu herrschen, sie zu leiten und zu lenken, und nicht dazu, sie in irgendeiner Form durch Grausamkeit zu quälen, zu missbrauchen oder zu zerstören.

---

1 Quelle: Bibelserver.com, Genesis 1, 28 Anmerkung

Unsere Einstellung und unser Umgang mit Gottes Geschöpfen, den Tieren, zeigen zu einem großen Maße, wer wir tatsächlich sind und wie wir in unseren Herzen denken. *Sie sind schnell bereit, Blut zu vergießen,* auch das, von unschuldigen Tieren. *Verwüstung und Elend säumen ihre Wege, und den Weg des Friedens kennen sie nicht.* Leider gibt es Menschen, die keine Gottesfurcht in sich tragen und gar nicht wissen wollen, was Gott den Menschen im Hinblick auf die Tierwelt gebietet. *Ein offenes Grab ist ihr Schlund, mit ihrer Zunge verbreiten sie Lug und Trug,* wie im 3. Kapitel im Brief an die Römer geschrieben steht. Nicht ohne Grund wurden diese Zeilen zum Eingang zitiert.

Wie sehr Menschen heute, vor allem im Namen der Wissenschaft, durch ihre Ideen, die sie verbreiten, zu einem offenen Grab für unzählige unschuldige Tiere werden, zeigen nun einige erschütternde Beispiele.

Quäle nie ein Tier zum Scherz,
denn es fühlt wie du den Schmerz.

Aesop (um 550 v. Chr.)

Traurige Beispiele beispielloser Grausamkeit

Der berühmte Dr. Fauci

Dr. Fauci ist nicht nur ein Mediziner, sondern auch ein Politiker, der während der angeblichen Corona-Pandemie mit dem Erlass seiner Maßnahmen viel Unheil angerichtet hat, das enormen Schaden nach sich zog; ähnlich seiner deutschen Vertreter Spahn und Lauterbach.

Dr. Fauci steht jedoch nicht nur wegen seiner zerstörerischen Anordnungen aus der Corona-Zeit in der Kritik, sondern auch wegen etlicher, an Grausamkeit kaum zu überbietender Tierversuche.

Nicht nur die Washington Post oder The Sun berichteten über diese abscheulichen Experimente, sondern es nahmen sich auch etliche Senatoren den unmenschlichen Experimenten des Dr. Fauci an Tieren an.

So finanzierte er z.B. Versuche, bei denen Beagle-Welpen gemeinsam mit infizierten Sandmücken in Käfige gesperrt wurden, damit die Mücken sie langsam bei lebendigem Leibe auffraßen. Damit die Hundewelpen nicht vor Schmerzen schreien konnten, trennte man ihnen vorher die Stimmbänder durch.[2]

Die Washingtoner Zeitung The Hill berichtet von

---

2   Quelle: Washingtonpost.com - Unpacking the story of Fauci and painful experiments involving dogs

einer investigativen Anfrage von Ted Lieu an das Parlament: *'Unsere Ermittler zeigen, dass Faucis NIH-Abteilung einen Teil eines Zuschusses in Höhe von 375.800 US-Dollar an ein Labor in Tunesien überwies, um Beagles mit Medikamenten zu behandeln und ihre Köpfe in Maschendrahtkäfige voller hungriger Sandfliegen zu sperren, damit die Insekten sie bei lebendigem Leib fressen konnten'*, sagte *White Coat Waste* gegenüber *Changing America*. *'Sie sperrten Beagles außerdem neun Nächte hintereinander allein in Käfige in der Wüste, um sie als Köder zu verwenden und infektiöse Sandfliegen anzulocken.'*[3]

Die Senatorin Joni Ernst sprach in ihrer Anfrage sogar von 1,3 Millionen Dollar, die in entsprechende Verträge der Administration unter Fauci mit Biotechnologielaboren für Experimente mit Hundewelpen geflossen sein sollen. [4]

Alle Experimente wurden mit Steuergeldern der arbeitenden Bevölkerung finanziert.

---

the-sun.org – Faucis NIH admits to cutting Puppies vocal cords

3 lieu.house.gov - Bipartisan legislators demand answers from Fauci on 'cruel' puppy experiments', Artikel verlinkt aus thehill.com (siehe: englisches Original im Anhang 1)

4 ernst.senate.gov - New $1.8 Mil Contract for Fauci's Dog Experiments Sparks Major Concerns

Zucht zu Versuchszwecken

Die New York Post berichtete, dass 4000 Beagle Welpen aus einer Einrichtung in Virginia gerettet wurden, die allein zu einem einzigen Zweck gezüchtet waren: Um sie zu Versuchszwecken an Labore zu verkaufen. Die Tiere waren unterernährt, dehydriert, unterentwickelt und teilweise verletzt.

Verantwortliche der Zuchtstätte namens Envigo RMS LLC argumentierten, Tierversuche wären für die Entwicklung von Medikamenten und Impfstoffen unerlässlich und ihr Vorgehen sei vollkommen legal.[5]

Ausgerechnet der Hund – der beste Freund des Menschen

Es waren Hunde, die sich schon vor tausenden von Jahren dem Menschen anschlossen und dessen Freundschaft, Begleitung, Partnerschaft, ja dessen Schutz suchten und sich aus freien Stücken unter ihre Obhut stellten. Bis heute ist der Hund der beste Freund des Menschen und an Treue, Loyalität und

---

5   Quelle: nytimes.com – Envigo Beagles Abuse Breeder guilty
FunFact: Es gibt heute sogar T-Shirts zu kaufen, welche die Grausamkeiten des Dr. Fauci an Beagles thematisieren. Siehe hierzu exemplarisch: Amazon

Anhänglichkeit kaum zu überbieten. Ausgerechnet diese Geschöpfe mit Grausamkeit zu überziehen, sie zu quälen, sie zu missbrauchen, zu foltern, zu zerstückeln und sie umzubringen, zeigt ein unbeschreibliches Maß an Gottesferne und die Auswüchse verhärteter Herzen.

Sprüche 12, 10
Der Gerechte kümmert sich
um das Wohlergehen seines Viehs,
aber das Herz der Gottlosen ist grausam.
(Elberfelder)

Verhärtete Herzen sind immer auch ein Symptom von Menschen, die Gott nicht kennen und von Seiner Liebe nicht durchdrungen sind. Darauf wird in Teil II, im Kapitel 'Barmherzigkeit', näher eingegangen.

Es gibt die wundervolle Geschichte eines Hundes namens Hachiko, die im Jahre 2010 verfilmt wurde. Sie handelt von einem japanischen Akita, der seinen auserwählten Menschen, einen Universitätsprofessor, täglich vom Bahnhof abholte und noch jahrelang auf ihn wartete, als er längst nicht mehr kam.

Diese Geschichte steht lediglich exemplarisch für die Treue und Liebe eines Hundes zu seinem Menschen.

Hunde sind verlässlich, voller Liebe,
wahrhaftig in ihrer Zuneigung,
berechenbar in ihren Handlungen,
dankbar und loyal.
Maßstäbe, die für Menschen
nur schwer zu erreichen sind.

Alfred A. Montapert

Ringen um Bua Noi – Thailands einziger Gorilla im Horror-Zoo

So titelte im Oktober 2022 die Berliner Morgenpost in einem Artikel, indem die schrecklichen Verhältnisse beschrieben standen, unter denen Thailands einziger Gorilla gehalten wurde.

Zur Belustigung der Zuschauer wurde das Gorilla-Weibchen Bua Noi in einem kleinen Käfig auf dem Dach eines Einkaufszentrums mitten in der Stadt gehalten. Nicht nur der Zustand der Gorilla-Dame wird als trostlos beschrieben, sondern selbst das darunterliegende Einkaufszentrum.

Bua Noi zeigte sich schwer depressiv, riss sich die Haare aus und kauerte zusammengesunken an den Gitterstäben. Bei Erscheinen des Artikels vegetierte das wehrlose Tier schon mehr als 30 Jahre lang vor sich hin.

Der Zoo im Hochhaus

Zudem gibt es in Bangkok den sogenannten Pata-Zoo, der im 6. und 7. Stockwerk eines Hochhauses untergebracht ist. Jane Godell, die Verhaltensforscherin, die für ihren Einsatz insbesondere für Gorillas bekannt ist, meinte: der Pata Zoo sei einer der schlimmsten Zoos, den sie je gesehen habe, und beschrieb ihn nicht als Zoo, sondern als ein Gefängnis.[6]

Die Verhältnisse, unter denen Tiere in dieser Einrichtung gehalten werden, stehen seit Jahren in internationaler Kritik. Doch die Kritik an einem der traurigsten Zoos der Welt stieß bisher bei den Betreibern auf ebenso taube Ohren, wie all die Kauf- und Hilfsangebote an die Besitzer von der einsamen Bua Noi.

Wie es überhaupt möglich sein kann, solch ein unmenschliches Verhalten unter gesetzlichen Schutz zu stellen und vermeintliche Eigentumsrechte vor das Wohl der Tiere zu stellen, ist unbegreiflich. Diese Tiere leiden, offenkundig und für die internationale Gemeinschaft sichtbar, an ihrem Leben und fristen ihr Dasein unter Qualen, die allein in ihren von Menschen geschaffenen Lebensbedingungen begründet sind.

---

6   Quelle: Wikipedia.org – Peta Zoo

Der einsamste Wal der Welt

The Sun berichtete zu Beginn des Jahres 2025 von Kshamenk, einem Orca, der seit 32 Jahren in Mundo Marino (Argentinien) in einem kleinen Pool gehalten wird. Er hat keine Bewegungsfreiheit, keine Sozialkontakte und keine Sinnesreize irgendeiner Art. Experten sprechen in diesem Fall von einer der schlimmsten Formen der Quälerei.

Im selben Artikel wird auch Kiska erwähnt, ebenfalls ein Orca. Das Weibchen wurde mit 2 Jahren vor der Küste Islands gefangen, nach Kanada verkauft, abgerichtet und ausgestellt. Sie überlebte 5 ihrer Babys und verbrachte die letzten 12 Jahre ihres Lebens in einem kleinen Container, wo sie nach 32 Lebensjahren einsam verelendete.[7]

Qual und Aggression

Nicht nur, dass Tiere in Gefangenschaft alle Anzeichen von Traurigkeit, Qual und Selbstaufgabe zeigen, sie können ebenso aggressiv werden und sich gegen ihre Unterdrücker zur Wehr setzen.

---

7   Quelle: thesun.co.uk – 'Barbaric Torture' Worlds lone-liest Orca has bent Body after 32 Years trapped in tiny Pool as Vid shows Killer Whale lying motionless

So hat ein Orca namens Keto, der so einsam und alleine war, dass er begann, auf dem Beton seines Gefängnisses zu kauen und schwere Schäden an seinem Gebiss davontrug, seinen Trainer Alexis Martinez umgebracht. Dieser hat den Wal zur Belustigung von Zuschauern in einem Freizeitpark in Spanien abgerichtet.

Fast zur selben Zeit brachte der Orca Tilikum seinen Trainer Dawn Brancheau im Vergnügungspark 'SeaWorld' in Orlando, Florida, um. Ereignisse, welche die Presse aufgriff, um die Aufmerksamkeit der Öffentlichkeit darauf zu lenken und die in der Folge das Leid der Tiere, die dieser Aggression zugrunde lag, näher betrachtete.[8]

Wer tiefer in Recherchen zu diesem Thema einsteigt, wird schnell feststellen, dass die Beispiele vereinsamter Meerestiere, die unter unnatürlichen Bedingungen und entsprechenden Qualen in Gefangenschaft gehalten und teilweise zur Belustigung der Menschen abgerichtet werden, erschreckend zahlreich sind.

---

8   Quelle: whalesanctuaryproject.org – Keto frustrated
    and dangerous 1995 - 2024

Wilde Tiere in Freiheit

In freier Wildbahn können Orcas zwischen 70 und 90 Jahre alt werden. Der älteste bekannte Orca-Wal ist bei Erscheinen des folgend zitierten Artikels **105 Jahre** alt. *'Die Orca-Dame ist auch unter dem Namen J2 Granny bekannt und vor allem an ihrem Sattelfleck hinter der Rückenflosse zu erkennen. Sie ist höchstwahrscheinlich Jahrgang 1911 und damit ein Jahr vor dem Untergang der Titanic geboren.'*[9]
J2 lebt selbstverständlich in Freiheit.

Der Film *Free Willy – Ruf der Freiheit* handelt von der rührenden Freilassung eines Orcas. 'Der Orca Willy hieß in Wirklichkeit Keiko und wurde von den Produzenten des Films im Vergnügungspark *Reino Aventura* in Mexiko-Stadt entdeckt. Der große Erfolg des Films führte zur Bildung der *Free Willy Keiko Foundation*, die für die Freilassung des Orcas kämpfte'[10]
Der Foundation gelang es, durch Spendengelder den Wal freizukaufen und im Atlantik auszusetzen. Doch durch die lange Gefangenschaft wurden dem Tier die Voraussetzungen zur Anpassung an seinen

---

9 Quelle: tauchen.de – Orca Granny: Der älteste Schwert-
   wal der Welt.
10 Quelle: wikipedia.org – Free Willy – Ruf der Freiheit

natürlichen Lebensraum genommen. Kaiko starb ein Jahr später an einer Lungenentzündung vor der Küste Norwegens.

Der Schaden, den das Tier erlitten hat, wurde nicht etwa durch die Freilassung angerichtet. Der Schaden wurde in den vielen Jahren der Gefangenschaft angerichtet, in denen der Wal in unnatürlicher Umgebung, kleinem Becken, Einsamkeit, Frustration und Qual vor sich hinsiechte. So war Kaiko für das von Gott bestimmte Leben durch das egoistische, selbstsüchtige und auf finanziellen Profit ausgerichtete Eingreifen des Menschen so schwer geschädigt, dass er in seinem natürlichen Lebensraum nicht mehr existieren konnte.

Ähnliche Beispiele gibt es von Bären, die an Ketten gehalten werden, die man ihnen durch die Nase zieht, um sie Jahrzehntelang in Zirkussen zur Belustigung der Zuschauer auftreten zu lassen. Setzt man sie dann, in für sie artgerechten Wildgehegen aus, braucht es oft Jahre, bis sie nach all den erfahrenen Qualen, halbwegs hochgepäppelt, ihren desolaten Zustand überwinden und ein Leben in ihrer natürlichen Umgebung führen können.

Nicht nur Hunde, sondern auch Katzen

Im April 2019 berichtete das amerikanische Nachrichtenportal Fox News unter dem Titel *Government puts a stop do deadly cat experiments as part of food savety research:* Die Regierung heißt seit 1982 Experimente mit Katzen gut, bei denen ihnen Fleisch ihrer eigenen Artgenossen von chinesischen Fleischmärkten gefüttert wird, um den Zusammenhang zwischen Futter und Nahrungsmittelinduzierter Toxoplasmose zu erforschen.[11]

Experimente im Namen des Krieges

Die Forschungsbasis Porton Down in Wiltshire gerät immer wieder in die Kritik, weil es chemische Waffen bis hin zu Biowaffen an Tieren ausprobiert, was zu horrenden Todeszahlen und unbeschreiblicher Qual für die Tiere führt. Bei einem Experiment allein wurden 3 500 Affen und Meerschweinchen durch eine Bombe getötet.[12]

---

11 Fox News - Government puts a stop do deadly cat experiments as part of food savety research
   Siehe hierzu auch: *USDA Kitten Cannibalism report*
12 Quelle: bbc.com – Porton Down film shows Cold War plaque tests on animals

Porton Down ist ein Labor in England, welches dem Verteidigungsministerium untersteht und Tierversuche im Namen des Krieges durchführt. So verteidigt das Ministerium auch jegliche Grausamkeit an den mit Steuergeldern bezahlten Folterungen, Quälereien und Tötungen mit der Begründung, die Tests seien Teil lebensrettender Forschung.

Tausende von Tieren haben in dieser Einrichtung ihr Leben gelassen, darunter Schweinchen, Kaninchen, Mäuse, Meerschweinchen und Affen. Tierschützer prangerten die Versuche als 'barbarisch', 'archaisch' und 'höchst verwerflich' an.

So wurden Schweinchen erschossen oder gezwungen, Senfgas einzuatmen; Affen wurden mit tödlichen Viren infiziert und Meerschweinchen mit Nervenkampfstoffen getötet. Schweinen wurden Schutzwesten angezogen und anschließend in die Luft gesprengt.

Eine Sprecherin des Verteidigungsministeriums sagte gegenüber MailOnline: 'Das Labor für Verteidigungswissenschaft und -technologie führt Experimente ethisch und im Einklang mit der Gesetzgebung durch.'[13]

------

13 Quelle: dailymail.co.uk – Thousands of animals are blown up, poisoned or given deadly nerve agent during barbaric tests at top secret military laboratory

Tierversuche – wie viele Tote gibt es jährlich?

Der Verein 'Ärzte gegen Tierversuche' publizierte am 21. Januar 2025 die aktuellen Zahlen aller in Deutschland getöteten Tiere aus dem Jahre 2023. Sie setzen sich wie folgt zusammen:

'2023 wurden bundesweit 3.501.693 Tiere für Versuchszwecke verwendet.

Davon starben 2.128.520 in Tierversuchen oder für wissenschaftliche Zwecke wie zur Organentnahme.

Zusätzlich wurden 1.373.173 Tiere erfasst, die mangels Verwendungszwecks aus wirtschaftlichen Gründen als „Überschuss" getötet wurden.'

Um als Tier in der traurigen Kategorie 'Überschuss' zu landen und damit dem Tode geweiht zu sein, muss es keineswegs krank sein oder irgendeinen gesundheitlichen Mangel aufweisen, sondern es reicht schon, nicht das richtige Geschlecht oder das richtige Alter für den anstehenden Versuch zu haben. Im Namen der Wissenschaft werden Tiere gezüchtet und auch im Falle der Nicht-Verwendung getötet. *'So wurden in Berlin - mit 205.292 Tieren - sogar mehr Tiere als „Überschuss" getötet, als in Versuchen und für wissenschaftliche Zwecke zusammen verwendet wurden.'*[14]

———————

14 Quelle: aerzte-gegen-tierversuche.de – Tierversuchs-
    zahlen: Bundesländervergleich 2023

Getötete Tiere als Trophäen

Mit diesem Kapitel schließt die Liste der Grausamkeiten nun ab. Wie Sie sich vorstellen können, könnte man diese Liste noch wesentlich länger fortführen. Ob es Legebatterien sind, in denen geflügelte Tiere ein schreckliches Dasein fristen; ob es Stierkämpfe sind, bei denen Tiere zur Belustigung der Zuschauer getötet werden; ob es Fuchsjäger, Hobbyjäger oder Wilderer sind, die sich stolz mit dem von ihnen erlegten Tier fotografieren lassen; oder ob es Hahnenkämpfe, Hundekämpfe, Hengstkämpfe oder sonstige Tiere sind, die aufeinandergehetzt werden, um Wetteinnahmen zu generieren – jegliche Form des Missbrauchs an Tieren ist schandhaft, verwerflich und in höchstem Maße gottlos.

Gott allein wird Richter sein

Den einzigen Trost, den wir haben, ist die Gewissheit, dass Gott am Ende aller Zeiten die Welt richten und jedem zuteilwerden wird, was ihm zusteht.

Teil II

Gottes Wort

Was sagt uns Gott nun über Seine Vorstellungen zu unserem Umgang mit Seinen Geschöpfen, den Tieren? Lässt Sein Wort tatsächlich Raum für die Annahme, Tiere seien leblose Dinge, denen man wahllos Leid zufügen und Grausamkeiten antun kann? Oder sind Tiere doch fühlende Wesen mit Empfindungen und einer Seele?

Gott offenbart uns an vielen Stellen Seines Wortes, wie unser Umgang mit Seinen Geschöpfen und unseren Mitgeschöpfen ursprünglich von Ihm gemeint war. Gott sorgt sich um Seine Schöpfung und gibt klare Richtlinien, wie sich der Mensch gegenüber den Tieren verhalten soll.

Psalm 36, 7
Deine Gerechtigkeit ist den Bergen Gottes gleich,
dein Recht der großen Flut;
Menschen und Vieh rettest du, HERR.
(Elberfelder)

Deine Gerechtigkeit ragt hoch
wie die ewigen Berge,
deine Urteile gründen tief wie das Meer.
Du, HERR, hilfst Menschen und Tieren.
(Luther 2017)

Selbstverständlich sind Tiere lebende Seelen, empfindsam und voller Gefühle, die Gott, ihr Schöpfer liebt. Genau so, wie er Seine gesamte Schöpfung, auch uns – auch dich – liebt. Und natürlich erleben sie die Qualen von Schmerzen ebenso wie wir. Darum hilft Gott den Tieren auch, was hier explizit erwähnt ist.

Und nicht nur das: Sein Wort verspricht, dass Er sie auch ernährt!

Psalm 104, 10 - 28

Du läßt Brunnen quellen in den Gründen,
daß die Wasser zwischen den Bergen hinfließen,
daß alle Tiere auf dem Felde trinken
und das Wild seinen Durst lösche.
An denselben sitzen die Vögel des Himmels
und singen unter den Zweigen.
Du feuchtest die Berge von obenher;
du machst das Land voll Früchte, die du schaffest;
du lässest Gras wachsen für das Vieh
und Saat zu Nutz den Menschen,
daß du Brot aus der Erde bringest,
und daß der Wein erfreue des Menschen Herz,
daß seine Gestalt schön werde vom Öl
und das Brot des Menschen Herz stärke;
daß die Bäume des HERRN voll Saft stehen,
die Zedern Libanons, die er gepflanzt hat.

Daselbst nisten die Vögel,
und die Reiher wohnen auf den Tannen.
Die hohen Berge sind der Gemsen Zuflucht,
und die Steinklüfte der Kaninchen.
Du hast den Mond gemacht,
das Jahr darnach zu teilen;
die Sonne weiß ihren Niedergang.
Du machst Finsternis, daß es Nacht wird;
da regen sich alle wilden Tiere,
die jungen Löwen, die da brüllen nach dem Raub
und ihre Speise suchen von Gott.
Wenn aber die Sonne aufgeht, heben sie sich davon
und legen sich in ihre Höhlen.
So geht dann der Mensch aus an seine Arbeit
und an sein Ackerwerk bis an den Abend.
HERR, wie sind deine Werke so groß und viel!
Du hast sie alle weislich geordnet,
und die Erde ist voll deiner Güter.
Das Meer, das so groß und weit ist,
da wimmelt's ohne Zahl, große und kleine Tiere.
Daselbst gehen die Schiffe; da sind Walfische,
die du gemacht hast, daß sie darin spielen.
Es wartet alles auf dich,
daß du ihnen Speise gebest zu seiner Zeit.
Wenn du ihnen gibst, so sammeln sie; wenn du deine
Hand auftust, so werden sie mit Gut gesättigt.

(Luther 1545)

Theologie bedeutet in seinem Wortursprung *Die Lehre von Gott*. Es setzt sich zusammen aus den Silben *Theos*, altgriechisch, und wird mit *der Gott* übersetzt; und *Logos*, übersetzt mit *das Wort*, oder auch *die Lehre* im Sinne von *die Lehre von Gott*.[15] Theologie ist also die Lehre von Gottes Wort. Das Wort Gottes, unseres Schöpfers, ist demnach die ultimative Richtschnur, die unersetzbare Leitlinie, die uns Menschen für unser Leben mitgegeben worden ist.

Doch wie soll man Gottes Wort verstehen? Wie kann man es lernen, *das Wort*, und *die Lehre von Gott*? Sind die Worte in der Bibel symbolisch gemeint oder wörtlich zu verstehen? Können wir normale Menschen es verstehen oder braucht es dazu jemanden, der uns Sein Wort aufschlüsselt und erklärt?

Liest man die Verse aus dem oben aufgeführten Psalm, wird schnell deutlich: Das Wort Gottes ist genau so gemeint, wie es geschrieben steht, und für jeden einfach zu verstehen, der sich die Zeit nimmt, es zu lesen.

'Um den Logos - das Wort - Gottes zu studieren, muss man vor allem *genau* lesen', lehrte einer der Dozenten des Bibelstudiums an der Internationalen

---

15 Quelle: Wikitionary.org - Theologie

Schule des Dienstes.[16] Das Wort Gottes wurde für den Menschen geschrieben, und zwar für *alle* Menschen, ohne Ausnahme. Und der Einzige, der es einem Menschen aufschlüsseln kann, ist Jesus Christus, der Seinen Heiligen Geist bis heute allen sendet, die an Ihn glauben.

Johannes 14, 26

Der Beistand aber

(auch übersetzt mit: Helfer, Tröster, Fürsprecher,

Anwalt, der zur Unterstützung Herbeigerufene),

der Heilige Geist,

den der Vater senden wird in meinem Namen,

der wird euch alles lehren

und euch an alles erinnern,

was ich euch gesagt habe.

(Elberfelder)

1. Timotheus 2, 5 - 6

Denn einer ist Gott,

und einer ist Mittler zwischen Gott und Menschen,

der Mensch Christus Jesus,

der sich selbst als Lösegeld für alle gab,

als das Zeugnis zur rechten Zeit.

(Elberfelder)

---

16 Die Autorin studierte an der Internationalen Schule des Dienstes, die sie mit dem Master of Ministries abschloss. www.isddbibelschule.de

Traut euch, die Bibel zu lesen und zu glauben: Gott hat niemanden von Seiner Gnade ausgeschlossen! Er hat Sein Wort *nicht* nur einigen wenigen Auserwählten gesandt. Er hat es *uns allen* gesandt – den Studierten und den Unstudierten; den Großen und den Kleinen; Mann und Frau - mir und dir. Vertraue auf Jesus Christus, der uns Seinen Heiligen Geist sandte, den einzigen Mittler zwischen dir und Gott!

***

Psalm 145, 15 - 16

Aller Augen warten auf dich,
und du gibst ihnen ihre Speise zu seiner Zeit.
Du tust deine Hand auf und erfüllst alles,
was lebt, mit Wohlgefallen.

(Luther 1545)

Psalm 147, 7 - 9

Singet umeinander dem HERRN mit Dank
und lobet unsern Gott mit Harfen,
der den Himmel mit Wolken verdeckt
und gibt Regen auf Erden;
der Gras auf Bergen wachsen läßt;
der dem Vieh sein Futter gibt,
den jungen Raben, die ihn anrufen.

(Luther 1545)

Gott kümmert sich um Seine Geschöpfe. Er tränkt und füttert sie zur rechten Zeit. Und wenn Gott so handelt, sollte das auch die Leitlinie unseres Handelns sein. Auch wir sollen uns um die Tiere kümmern und sie zur rechten Zeit tränken und füttern. Wir sollen sie nicht vernachlässigen und sie behandeln, als hätten sie keinen Wert in Gottes ewigem Königreich.

***

Hiob 38, 41

(aus der direkten Rede von Gott an Hiob)
Gott spricht zu Hiob:
Wer bereitet den Raben die Speise,
wenn seine Jungen zu Gott rufen und fliegen irre,
weil sie nicht zu essen haben?
(Luther 1545)

Matthäus 6, 26

Seht die Vögel des Himmels an:
Sie säen nicht und ernten nicht,
sie sammeln auch nicht in die Scheunen,
und euer himmlischer Vater ernährt sie doch.
Seid ihr nicht viel mehr wert als sie?
(Schlachter 2000)

Gott liegt das Wohlbefinden Seiner Schöpfung am Herzen und Er sorgt sich *um* sie und sorgt *für* sie.

Nicht nur das Leben, sondern auch den Tod Seiner Geschöpfe hat Gott im Blick. Kein Tier, nicht ein einziges – weder Spatz noch Sperling – sterben, ohne dass Gott es wollte oder Kenntnis davon besitzt.

Matthäus 10, 29
Kauft man nicht zwei Sperlinge um einen Pfennig?
Dennoch fällt deren keiner auf die Erde
ohne euren Vater.
(Luther 1545)

Kosten nicht zwei Sperlinge beim Einkauf
nur ein paar Pfennige?
Und doch fällt keiner von ihnen auf die Erde
ohne den Willen eures Vaters.
(Menge)

Gott überblickt nicht nur mein und dein Leben, Er sieht nicht nur unsere Nöte und Sorgen, sondern auch das Seiner Tiere. Und wenn Gott sich um unsere Mitgeschöpfe und oftmals besten Freunde derart kümmert, sollte der Mensch bemüht sein, dasselbe zu tun.

Tierliebe und Fürsorge sind Gottes Auftrag

Wie sieht unser Schöpfer wohl einen Menschen an, der die von Ihm geschaffenen Wesen zu Forschungszwecken grausam foltert? Solch ein Mensch wird kaum schuldlos vor Gott treten und Ihm auf sein gelebtes Leben antworten können. Denn am Ende werden wir alle vor unseren Herrn treten müssen, gerichtet werden und die Folgen der letztendlichen Gerechtigkeit, die Gott walten lassen wird, zu tragen haben. Jedenfalls dann, wenn der Mensch noch nicht zu Gott umgekehrt ist, seine Sünden bekannt hat, Christus als seinen Herrn angenommen hat und Sein Erlösungswerk für sich in Anspruch nahm.

Jeder Mensch, ob Wissenschaftler, Forscher oder Experimentierer, der selber Tiere foltert oder Folterungen beiwohnt – und scheinen diese auch durch noch so blumig formulierte, von Menschen definierte, angeblich höhere Ziele gerechtfertigt - sollte sich überlegen, ob es nicht ratsamer ist, umzukehren. Damit aufzuhören. Seinen Arbeitsplatz zu verlassen und seine Kündigung einzureichen. Sich nicht weiter an Vergehen gegen die Tiere schuldig zu machen, ja an Vergehen gegen die Menschlichkeit, und noch schlimmer: an Vergehen gegen den uns von Gott gegebenen Auftrag.

Lukas 12, 6
*Verkauft man nicht fünf Sperlinge
um zwei Pfennige?
Dennoch ist vor Gott deren nicht einer vergessen.*
(Luther 1545)

Der Gedanke, den schon Matthäus erwähnte und den Lukas hier wieder aufgreift, geht nun noch einen Schritt weiter: Nicht nur, dass Gott es zulässt, entscheidet und weiß, wann ein Sperling zu Boden fällt und stirbt, sondern dieses Tier ist auch nicht vergessen.

Kein Tier, das gequält, misshandelt und/oder getötet wurde, ist je von seinem Schöpfer vergessen. Haben wir gegen Gottes Gebote der Nächstenliebe verstoßen und unser Vergehen weder bekannt noch Buße getan – mit anderen Worten: sind nicht umgekehrt - werden wir die Konsequenzen, in Form von Gottes Zorn und Strafe, in der Ewigkeit tragen müssen.

Jedes einzelne Tier ist in Gottes Herzen.

Wir sind nie Besitzer, nicht von Dingen, Ländereien oder auch Tieren. Wir sind lediglich Verwalter und wurden als Hüter Seiner Schöpfung eingesetzt.[17]

---

17 Siehe hierzu: 1 Mose 2, 15. Erläutert auf Seite 53

Gott, Helfer bei Geburten

Psalm 29, 9

*Die Stimme des HERRN macht Hirschkühe gebären
und entblättert die Wälder,
und in seinem Tempel ruft alles 'Herrlichkeit!'*

(Schlachter 2000)

Hier wird von der direkten Einflussnahme Gottes auf eine Geburt gesprochen.

Waren Sie schon einmal bei einer Geburt anwesend? Ich - als große Liebhaberin von Hunden und Züchterin – schon unzählige Male. Jedes Mal erinnert mich eine Geburt an die 'Stillung des Sturms' - der Geschichte von Jesus und Seinen Jüngern, die sich auf hoher See fürchteten. Im Sturm lagen sie vollkommen in Gottes Hand. Alles, was sie tun konnten, war darauf zu vertrauen, dass Gott über sie wachte und sie behütete.

Lukas 8, 22 - 25

Und es geschah an einem der Tage, dass Jesus und seine Jünger in ein Schiff stiegen; und er sprach zu ihnen: Lasst uns ans andere Ufer des Sees fahren! Und sie fuhren ab.

Auf der Fahrt aber schlief er ein. Da fiel ein Sturmwind auf den See, und [das Schiff] füllte sich, und sie waren in Gefahr.

Da traten sie hinzu, weckten ihn auf und sprachen: Meister, Meister, wir kommen um! Er aber stand auf und befahl dem Wind und den Wasserwogen; und sie legten sich, und es wurde still.

Da sprach er zu ihnen: Wo ist euer Glaube? Sie aber fürchteten und verwunderten sich und sprachen zueinander: Wer ist denn dieser, dass er auch den Winden und dem Wasser befiehlt und sie ihm gehorsam sind?

(Elberfelder)

Eine Geburt ist wie ein Sturm auf hoher See. Genau so, wie die Jünger auf dem Wasser ganz auf Gottes Gnade und weise Führung angewiesen waren, so sind wir ebenso auf Seine Gnade und Führung angewiesen, wenn es in eine Geburt geht. Gott bestimmt den Zeitpunkt einer Geburt, initiiert sie, überwacht sie, greift ein und wirkt mit.

Gott hat Erbarmen mit den Tieren

Jona erhielt von Gott den Auftrag, die Einwohner von Ninive vor ihrem Lebenswandel zu warnen und sie zur Umkehr zu Gott zu überreden, damit sie und ihre Stadt vor dem Gericht Gottes, das Unheil und Zerstörung nach sich ziehen würde, verschont blieben. Und die Bewohner von Ninive haben die Botschaft von Jona empfangen, sie sich zu Herzen genommen, sind von ihren falschen Wegen ab- und zu Gott umgekehrt - und wurden tatsächlich verschont.

Jona war darüber sehr erbost, da er die Prophezeiung Gottes kannte: Das assyrische Volk Ninives war der Feind Israels und Gott würde eines Tages dieses Volk benutzen, um Israel zu vernichten und die Menschen in Gefangenschaft zu führen.

Die Gute-Nachricht-Bibel überschreibt das vierte Kapitel des Buches Jona mit dem Titel: *Gottes Menschenliebe geht seinem Erwählten zu weit*. In meinem Bibelbuch 'Ein Leben in Gottes Hand' habe ich es wie folgt zusammengefasst:

'Noch etwas ist außergewöhnlich am Buch Jona: Nicht *das auserwählte Volk*, nicht *die Kinder Israels* wurden laut dieser Überlieferung durch Gottes Gnade gerettet, sondern die anderen: Die Ungläubigen, die Heiden, die Feinde der Kinder Gottes.'

Jona setzt sich aus Trotz unter eine Rizinusstaude, die Gott in kürzester Zeit hat wachsen, und ebenso schnell wieder verdorren, worüber sich Jona schmerzlichst beschwerte.

Und der HERR sprach: Dich jammert des Rizinus,
daran du nicht gearbeitet hast,
hast ihn auch nicht aufgezogen,
welcher in einer Nacht ward
und in einer Nacht verdarb;
und mich sollte nicht jammern Ninives,
solcher großen Stadt,
in welcher sind mehr denn hundert
und zwanzigtausend Menschen,
die nicht wissen Unterschied,
was rechts oder links ist,
dazu auch viele Tiere?

(Luther 1545)[18]

Gott wollte weder den Menschen noch den Tieren aus Ninive Schaden oder Leid zufügen. So wählte Er Jona als einen Seiner Propheten, um dies zu verhindern. Auf diese Weise zeigte Gott einmal mehr Sein Erbarmen für die Menschen, die durch ihr verderbliches Verhalten bis heute auch die Tiere in Mitleidenschaft ziehen.

---

18 Wenn im Text nicht anders angeführt, so wurde die Übersetzung nach Luther 1545 genutzt

Gottes Bund mit Mensch und Tier

Die Genesis, das erste Buch der Heiligen Schrift, berichtet von einer großen Flut, die Gott über die Erde schickte, mit der Er alles Leben von der Erde vertilgte. Lediglich 8 Menschen und *ein* Paar von jeder Tierart wurden von Gott verschont. Aus dem Kontext dieser Geschichte geht hervor, dass beinahe alle Tiere aufgrund der Boshaftigkeit der Menschen vernichtet wurden. Gleich zu Beginn der Bibel wird demnach schon deutlich, welch eine Verantwortung der Mensch den Tieren und damit der gesamten Tierwelt gegenüber hat.

1. Mose 8, 20 – 21

Noah aber baute dem HERRN einen Altar
und nahm von allerlei reinem Vieh
und von allerlei reinem Geflügel
und opferte Brandopfer auf dem Altar.
Und der HERR roch den lieblichen Geruch
und sprach in seinem Herzen:
Ich will hinfort nicht mehr die Erde verfluchen
um der Menschen willen;
denn das Dichten des menschlichen Herzens
ist böse von Jugend auf.
*Und ich will hinfort nicht mehr schlagen **alles**,*
was da lebt, wie ich getan habe.

Als die Flut vorüber war, schloss Gott einen Bund mit Noah. Dieser Bund, den Gott mit Noah einging, *schloss die Tiere mit ein.*

Paul Williamson schreibt in einem Kommentar dazu: 'Gott betrachtet Tiere offensichtlich nicht einfach als frei verfügbare Gegenstände, die man nach Belieben in Mitleidenschaft ziehen, vernachlässigen oder töten kann.'[19]

Tiere im Dienst am Menschen

1. Korinther 9, 9 – 10

Denn im Gesetz Mose's steht geschrieben:
'Du sollst dem Ochsen nicht das Maul verbinden,
der da drischt.'
Sorgt Gott für die Ochsen?
Oder sagt er's nicht allerdinge um unsertwillen?
Denn es ist ja um unsertwillen geschrieben.
Denn der da pflügt,
der soll auf Hoffnung pflügen;
und der da drischt,
der soll auf Hoffnung dreschen,
daß er seiner Hoffnung teilhaftig werde.

(Luther 1545)

---

19 Quelle: 'Commentary on the Topic of Animals in the biblical Context', Prof. Theol. Paul Williamson, 1967

Aus diesen Versen geht eindeutig hervor, dass gewisse Tiere zum Dienst am Menschen geschaffen wurden und stehen können. Verrichten diese Tiere ihren Dienst, soll man sie allerdings nicht in ihrer Arbeit behindern oder ihre Arbeit aktiv erschweren, sondern der Mensch soll artgerecht und behutsam mit seinen vierbeinigen Mitgeschöpf umgehen.

Das kann man sowohl konkret als auch metaphorisch verstehen. Es bleibt jedoch die Frage: Geht es Gott hier generell um Ochsen oder um uns?

Der Pulpit Commentary schreibt: 'Paulus wollte nicht sagen, Gott kümmert sich nicht um Ochsen, denn er wusste, dass Gottes zärtliche Barmherzigkeit über all Seinen Werken ruht. Er wollte nur sagen, dass das Gebot in seiner menschlichen Anwendung wichtiger war und verweist auf die zwischenmenschlichen Beziehungen.'[20]

Und der Matthew Poole's Commentary schreibt: 'Kümmert sich Gott um Ochsen, das heißt: mehr um Ochsen als um Menschen? Gott kümmert sich um die Ochsen, denn er bewahrt Mensch und Vieh.

Er kümmert sich, wie unser Erlöser uns anderswo lehrt, um die Spatzen, die Vögel des Himmels, das Gras des Feldes und daher um die Ochsen, die um einiges edlere Geschöpfe sind.'[21]

An vielen Stellen der Bibel ist wiederholt zu sehen: Gott kümmert sich um Seine Tiere.

Wie sollen wir uns nun verhalten? Was hat Gott uns geboten? Hat Er dem Menschen geboten, ja gar erlaubt, Tiere durch Grausamkeit zu unterdrücken, sie zu quälen, sie umzubringen oder in Experimenten verelenden zu lassen? Oder sollen wir uns an der Haltung Gottes den Tieren gegenüber ein Beispiel nehmen und ebenso handeln?

---

20 The Pulpit Commentary by H.D.M. Spence + Joseph S. Exell
21 Matthew Poole's Commentary on the Holy Bible by Matthew Poole

Die sprechende Eselin

Falls tatsächlich jemand glaubt, Tiere würden kein Leid und keinen Schmerz erleben, so sei hier das Beispiel einer Eselin angeführt, deren Mund Gott auftat, um zu sprechen.

4. Mose 22, 23 - 30

Als nun die Eselin den Engel des HERRN sah, der mit gezücktem Schwert in der Hand ihm den Weg vertrat, bog sie vom Wege ab und ging ins Feld; da schlug Bileam die Eselin, um sie wieder auf den Weg zu bringen.

Hierauf stellte sich der Engel des HERRN in einem Hohlwege zwischen den Weinbergen auf, wo zu beiden Seiten eine Mauer war. Als nun die Eselin den Engel des HERRN erblickte, drückte sie sich fest an die Mauer und preßte dabei den Fuß Bileams gegen die Mauer; da schlug er sie zum zweitenmal.

Hierauf ging der Engel des HERRN nochmals eine Strecke weiter und blieb an einer engen Stelle stehen, wo ein Ausweichen nach rechts oder links unmöglich war.

Als nun die Eselin den Engel des HERRN erblickte, legte sie sich unter Bileam auf den Boden nieder. Da geriet Bileam in Zorn, so daß er die Eselin mit dem

Stock schlug.

Der HERR aber tat der Eselin den Mund auf, und sie sagte zu Bileam:

'Was habe ich dir getan, daß du mich nun schon dreimal geschlagen hast?'

Da sprach Bileam zu der Eselin:

'Weil du deinen Mutwillen mit mir getrieben hast. Wäre ein Schwert in meiner Hand, so würde ich dich jetzt töten.'

Da sagte die Eselin zu Bileam:

'Bin ich nicht deine Eselin, auf der du Zeit deines Lebens bis auf den heutigen Tag geritten bist? Ist es denn jemals meine Art gewesen, mich so gegen dich zu benehmen?'

Er antwortete:

'Nein.'

(Menge)

***

Nur, weil wir nicht hören können, was Tiere denken, was sie fühlen und sie erleiden, bedeutet das nicht, sie könnten nicht denken, leiden oder fühlen.

***

Biblische Negativbeispiele

Neben vielem Guten beschreibt die Bibel auch viel Fehl und unrichtiges Verhalten der Menschen, welches ganz sicher nicht zum Nachmachen geschrieben steht, denn Gott heißt grausames Verhalten von Menschen Tieren gegenüber nicht gut. Es sind Beispiele, deren Konsequenzen aufgezeigt werden, und uns davor warnen, ebenso zu handeln. Eine dieser Geschichten steht im Buch der Richter.

Das Buch der Richter ist eines der grausamsten Bücher der ganzen Heiligen Schrift, denn es beschreibt die Konsequenzen von Gottlosigkeit und all der daraus entspringenden Ungerechtigkeiten und Grausamkeiten, zu denen Menschen fähig werden, wenn sie Gott nicht als Herrn über ihr Leben anerkennen.

Im 15. Kapitel dieses Buches wird die Geschichte von Simson überliefert, der brennende Fackeln zwischen die zusammengebundenen Schwänze von Füchsen band, um sie in die Felder der Philister zu schicken, sie anzuzünden und zu vernichten.

Dieser Missbrauch von Tieren stellt *keine* von Gott gewollte Handlung dar. Simson war zu diesem Zeitpunkt, ähnlich wie die große Mehrheit im Land, nicht bekehrt. Darum darf man keinen falschen

Schluss ziehen. Aktionen von Menschen, die in eigenem Interesse handeln, statt Gott zu Ehren, dienen zumeist als Negativbeispiele in der Bibel, die man eben *nicht* nachahmen sollte.

Richter 15, 4 - 5

Und Simson ging und fing dreihundert Füchse,
und er nahm Fackeln,
kehrte Schwanz gegen Schwanz
und band eine Fackel zwischen je zwei Schwänze.
Dann entzündete er die Fackel
und schickte sie in die Kornfelder der Philister
und zündete alles an,
vom Garbenhaufen bis zum stehenden Halm
und bis zum Weinberg und Olivenbaum.

(Luther 1545)

Die Siebentageordnung

Das erste Buch der Bibel ist das 1. Buch Mose, auch die Genesis genannt. Die Genesis beginnt mit der eindrücklichen Beschreibung der zeitlosen Ordnung der Welt. Die Genesis beginnt mit Gottes Erschaffung der Siebentageordnung, wie wir sie bis heute kennen.

'Gott trennte das Licht von der Finsternis und schuf Tag und Nacht. Er trennte das Wasser von der Erde, schuf den Himmel, die Meere, das Land. Er erschuf die Pflanzen, erschuf Mond, Sonne und die Sterne. Er erschuf die Tiere im Wasser und auf dem Land, am sechsten Tag den Menschen, am siebten Tag ruhte Er. So halten wir es bis heute - sechs Tage arbeiten wir, einen Tag ruhen wir. Der Mensch ist dafür geschaffen, in dieser Ordnung zu existieren. Allein die Entscheidung, sich an diese Ordnung zu halten, gibt dem Leben Struktur und ist eine gute Grundlage solider Gesundheit.'[22]

Das Sabbatgebot

Nicht nur für den Menschen, sondern auch für die Tiere – vor allem für solche, die im Dienste des Menschen stehen – gilt das Gebot der Siebentageordnung.

2. Mose 23, 12

Sechs Tage sollst du deine Arbeit tun;

aber des siebenten Tages sollst du feiern,

auf daß dein Ochs und Esel ruhen

und deiner Magd Sohn

und der Fremdling sich erquicken.

---

22 Aus: Die Bibel – Ein Leben in Gottes Hand, Eine essenti-elle Zusammenfassung aller biblischen Bücher, Ein Überblick über die gesamte Heilige Schrift von Antonia Katharina Tessnow

Auch die Tiere brauchen Erholung von ihrer Arbeit und den täglichen Anforderungen. Das gilt nicht nur für Arbeitstiere, sondern auch für solche, die im Sport, im Tanz oder für Präsentationen eingesetzt werden.

Das Sabbatgebot schließt allerdings nicht aus, Tieren in der Not zu helfen; unglaublicherweise ein Streitpunkt, der in der Bibel selbst dokumentiert ist.

Matthäus 12, 11 – 12

Aber er sprach zu ihnen:
Wer ist unter euch, so er ein Schaf hat,
das ihm am Sabbat in eine Grube fällt,
der es nicht ergreife und aufhebe?
Wie viel besser ist nun ein Mensch denn ein Schaf!
Darum mag man wohl am Sabbat Gutes tun.

Lukas 14, 5

Und Jesus antwortete und sprach zu ihnen:
Welcher ist unter euch,
dem sein Ochse oder Esel in den Brunnen fällt,
und der nicht alsbald ihn herauszieht
am Sabbattage? (auch am Sabbat)

Kein Tier und kein Mensch sollten unnötig leiden. Darum ist es an jedem Tag unsere Pflicht, unserem Nächsten beizustehen, egal ob Mensch oder Tier.

Selbstverständlich ist es auch an Feiertagen unsere Pflicht, uns um unsere Tiere zu kümmern und sie zu versorgen.

Soll ich meines Bruders Hüter sein?

Die Geschichte der Menschen beginnt mit dem Fall aus der Beziehung mit Gott, hinein in die Selbstbezogenheit und der daran anschließenden Vertreibung aus dem Paradies. Seitdem steht jeder

Einzelne von Geburt an vor der Aufgabe, Gott als Schöpfer der Welt zu erkennen und die Beziehung zu Ihm im eigenen Herzen wiederaufzunehmen. Und das in einer Welt, die voll von Reizen, Verlockungen und Versuchungen aller Art ist. Mit dem Versprechen der Befriedigung eigener, niederer Gelüste versucht der Satan, der seitdem alles Weltliche regiert, Seelen einzufangen und auf ewig an Ihn zu binden.

Die anfängliche Geschichte gipfelt im Brudermord: Abel hatte die Beziehung zu Gott wieder aufgenommen, Kain nicht. Abel war somit Gott gefällig; Kain nicht. Abel wollte nach den Vorstellungen des Schöpfers seine Aufgabe als Verwalter Seines Gartens übernehmen; Kain war sich dieser Aufgabe nicht einmal bewusst.

Aus Neid auf seinen Bruder Abel und aus Groll im eigenen Herzen, das Gott nicht kannte und somit Raum für eigene, selbstbezogene, niedere, zerstörerische und dunkle Gedanken und Gefühle bot, erschlug der gottesferne Kain den rechtschaffenen und schuldlosen Abel.

Frecherweise wagt es Kain sogar, auf Gottes Frage hin schnippisch eine Antwort zu geben, die gleich zu Beginn der Schrift offenbart, was der Mensch dem Menschen sein soll: *'Soll ich meines Bruders Hüter sein?'* - **Ja, natürlich! Was denn sonst!**

1. Mose 2, 15

*Und Gott der HERR nahm den Menschen
und setzte ihn in den Garten Eden,
daß er ihn baute und bewahrte.*

Gott hat den Menschen nicht ohne Grund in den Garten Eden gesetzt und ihm eine konkrete Aufgabe gegeben. Diese von Gott gegebene Aufgabe hat bis heute eine Bedeutung für uns, die keinesfalls unterschätzt werden darf. Im Gegenteil: sie hat höchste Relevanz für das Leben jedes Einzelnen.

Der Mensch soll sich den Tieren annehmen. Er soll sich an den Tieren erfreuen, ihre Hilfe in Anspruch nehmen und sie bewahren. Denn die Tiere waren ein Teil des göttlichen Gartens, und der Mensch wurde vom Schöpfer des Himmels und der Erde höchst persönlich mit der Bewahrung des Gartens betraut. Dieser Auftrag schließt *alles* mit ein, was im Garten ist.

Laut der Heiligen Schrift darf Gottes Schöpfung nicht missbraucht, nicht vernichtet oder zerstört, Tierarten nicht ausgerottet und Wälder nicht sinnlos niedergeholzt werden. Was soll mit der Natur und vor allem den Tieren geschehen, wenn der Mensch ihnen jeden Lebensraum nimmt?

Das 5. Kapitel des Buches des Propheten Jesaja, überschrieben mit: *'Das Gleichnis vom unfruchtbaren Weinberg', oder auch 'Das Lied vom Weinberg',* warnt die Menschen seiner Zeit davor, ganz allein allen Lebensraum einzunehmen und keinen Raum für Natur, Tiere und Gott zu lassen.

Jesaja 5, 8
*Wehe denen, die Haus an Haus reihen,
die Feld an Feld rücken,
bis kein Platz mehr ist
und bis ihr allein noch im Herzen des Landes wohnt.*
(Züricher)

Die Aufforderung unseres Schöpfers zur Bewahrung von allem gilt auch hier: Gott hat uns die Sicherstellung des Überlebens, die Pflege und die Erhaltung von jeglichen Geschöpfen, Arten und Lebensräumen in Seinem Garten anbefohlen.

Menschlichkeit wahren

In der Heiligen Schrift ermahnt uns Gott ebenfalls, unsere Menschlichkeit auch in Situationen zu wahren, die von sich aus zu Unmenschlichkeit verleiten können.

5. Mose 22, 6
Wenn du auf dem Wege findest ein Vogelnest

Was ist die Bedeutung dieser auf den ersten Blick merkwürdigen Aussage?

Der Berean Study Bible Commentary beantwortet diese Bibelstelle wie folgt:

'Dieses Gebot ist ein Aufruf zu Mitgefühl und zum ethischen Umgang mit Tieren. Das hebräische Verb *nehmen* impliziert das Ergreifen oder Fangen, was hier verboten ist, um Grausamkeiten zu verhindern und das Überleben der Art zu sichern. Es lehrt das Prinzip der Barmherzigkeit und die Wichtigkeit, das Leben gedeihen zu lassen.'

Und der Pulpit Commentary schreibt Ähnliches: 'Diese Vorschriften zielen darauf ab, ein humanes Gefühl gegenüber den niederen Tieren zu fördern und nicht weniger die liebevolle Beziehung zwischen Eltern und ihren Jungen zu wahren, die Gott als Gesetz in der Tierwelt eingeführt hat.'

3. Mose 22, 28

Es sei ein Ochs oder Schaf,
so soll man's nicht mit seinem Jungen
auf einen Tag schlachten.

Sogar Anbetracht des Schlachtens von Tieren hält Gott uns an, unsere Menschlichkeit nicht zu verlieren. Denn machen wir uns nichts vor: Nur weil wir nicht mehr selber und mit unseren eigenen Händen schlachten, so essen wir doch Fleisch und lassen andere diese Arbeit für uns verrichten. Idealerweise dort, wo wir sie weder sehen noch hören können.

Doch selbst in Bezug auf Nahrungsmittelherstellung, explizit der Fleischproduktion, gelten göttliche Gesetze zur Verhinderung von Grausamkeit und dem Verlust von Mitgefühl. Zudem haben solche Stellen in Gottes Wort auch den Sinn, uns als diejenigen, welche mit dem Geschehen einer Schlachtung nichts zu tun haben, eine klare und eindeutige Botschaft zu senden.

Der John Gill's Bibel Kommentar schreibt dazu:

'Der Grund des Gesetzes scheint darin zu liegen, Barmherzigkeit und Mitleid zu fördern und Grausamkeit zu verhindern.'

Und der Ellicott's Commentary schreibt:

'Dieses Verbot, das Muttertier und das Jungtier noch am selben Tage zu schlachten, sollte die Israeliten nicht nur an die heiligen Beziehungen erinnern, die zwischen Eltern und Nachkommen bestehen, sondern sollte vor allem auch dazu dienen, das Gefühl der Menschlichkeit aufrecht zu erhalten.'

Joseph Benson schreibt in seinem Kommentar:

'In der Tat liegt ein gewisses Maß an Grausamkeit an der Vorstellung, die Hand gleichzeitig mit dem Blut der Eltern und der Nachkommen zu beflecken.'

All diese von Gott erlassenen Gesetze sollen uns eine mitfühlende Einstellung gegenüber unseren Mitgeschöpfen, den Tieren, vermitteln.

Barmherzigkeit

Hebräer 8, 10
Dies ist der Bund, spricht der Herr,
den ich mit dem Haus Israel schließen werde
nach jenen Tagen:
Ich werde meine Gesetze in ihren Sinn legen
und sie ihnen ins Herz schreiben,
und ich werde ihr Gott sein,
und sie werden mein Volk sein.
(Züricher)

In der Regel tragen wir das Wissen um einen guten und gerechten Umgang mit unseren Mitgeschöpfen im Herzen. Normalerweise muss uns niemand erklären, redlich mit unserem Nächsten, den Tieren und der Schöpfung dieser Welt, umzugehen. Gott hat uns Sein Gesetz ins Herz geschrieben, weshalb uns eine grundlegende Liebe für Tier und Mensch innewohnt.

Sobald sich ein Mensch bekehrt, das bedeutet: *Gott als Schöpfer der Welt anerkennt und sein Leben auf Ihn ausrichtet,* wird diesem Menschen der Heilige Geist verliehen. Die von Gott in des Menschen Herz geschriebenen Gesetze sind spätestens dann für den Bekehrten die unumgängliche Leitlinie all seiner Handlungen, ja seines gesamten Lebens.

Ich glaube, ein Mensch,
der gegen ein treues Tier ungerecht sein kann,
wird seinesgleichen gegenüber nicht gütig sein,
und wenn man vor die Wahl gestellt wird,
ist es besser,
zu empfindsam als zu hart zu sein.

(Friedrich der Große)

Sprüche 12, 10

Der Gerechte erbarmt sich seines Viehs;
aber das Herz der Gottlosen ist unbarmherzig.

(Luther 1545)

Ein guter Mensch kümmert sich
um das Wohl seiner Tiere;
ein böser hat kein Herz für sie.

(Gute Nachricht)

Der Gottesfürchtige sorgt
für das Wohl seiner Tiere,
die Gottlosen aber sind herzlos.

(Neues Leben)

Der Gerechte kümmert sich
um das Wohlergehen seines Viehs,
aber das Herz der Gottlosen ist grausam.

(Elberfelder)

Erbarmst du dich des Viehs und der Tiere? Kümmerst du dich und sorgst für solche, die in deiner Verantwortung stehen? Oder bist du unbarmherzig, herzlos und grausam?

Menge übersetzte Sprüche 12, 10:

> *Der Gerechte weiß,*
> *wie seinem Vieh zumute ist;*
> *aber das Herz der Gottlosen ist gefühllos.*

Gottes Wort sagt es klar, deutlich und unmissverständlich: *Das Herz der Gottlosen ist gefühllos.* Gefühllosigkeit, Unbarmherzigkeit, Grausamkeit und Herzlosigkeit sind also Merkmale von Menschen, die Gott nicht kennen; die Gott vielleicht auch gar nicht kennen wollen. Ihn in jedem Fall aber nicht lieben und Ihm schon gar nicht ihr Herz übergaben, geschweige denn, den allmächtigen Schöpfergott als alleinigen Regenten über das eigene Leben anerkannten.

Was kann man vor diesem Hintergrund von Wissenschaftlern sagen, welche Tiere, die unter ihrer Verantwortung stehen, in Experimenten auf grausamste Weise misshandeln, malträtieren, peinigen und töten? Was kann man vor diesem Hintergrund von Betreibern von Vergnügungsparks und Zoos sagen, welche Tiere, über deren Haltung und Wohlergehen sie die Entscheidungsgewalt besitzen, ihres natürlichen Lebensraumes berauben und sie kläglichst einsperren, bis sie aufgrund von Einsamkeit, Isolation und Depression verelenden?

Wendet man Gottes Wort aus den oben zitierten Versen aus der Bibel auf sie an, muss man zu dem Schluss kommen: Sie können nur gottlos sein, weshalb ihre Herzen dermaßen verhärtet sind.

'Sollten Sie aus irgendeinem Grund mit Ihrem Gewissen hadern, weil Sie latent spüren: Das, was Sie tun, ist nicht nur falsch, sondern in den Augen unseres Schöpfers äußerste Sünde, die nicht ungeahndet bleiben wird – dann kehren Sie um und verlassen Sie die Umgebung, die Umstände, den Job oder die Arbeitsstelle, die Sie lediglich weiter abstumpft gegenüber der Stimme Ihres eigenen Herzens und damit gegenüber Gott.' (Pastor Dr. James Gregg, IA, USA, in einem Aufruf zum Thema Tierquälerei)

Liebet die Tiere eurer Feinde

Gottesfürchtige Menschen, die tief in ihrer Seele die Gewissheit haben, einmal vor ihrem Schöpfer zu stehen und über jede herzlose und damit gottlose Handlung Rechenschaft ablegen zu müssen, werden auch nicht davon absehen, den Tieren ihrer Feinde und ihrer Widersacher zu helfen. Denn sie wissen: Es gibt *keine* Rechtfertigung, einem Tier in Not *keinen* Beistand zu leisten.

2. Mose 23, 4 – 5

Wenn du deines Feindes Ochsen
oder Esel begegnest, daß er irrt,
so sollst du ihm denselben wieder zuführen.
Wenn du den Esel des, der dich haßt,
siehst unter seiner Last liegen,
hüte dich, und laß ihn nicht,
sondern versäume gerne das Deine
um seinetwillen.

(Luther 1545)

Wenn du das Rind deines Feindes
oder seinen Esel umherirrend antriffst,
sollst du sie ihm auf jeden Fall zurückbringen.
Wenn du den Esel deines Hassers
unter seiner Last zusammengebrochen siehst,
dann lass ihn nicht ohne Beistand;
du sollst ihn mit ihm zusammen aufrichten.

(Elberfelder)

Die Bibel lehrt: Kein Tier, welches uns begegnet und in irgendeiner Art leidet, soll ein Mensch einfach seinem Schicksal überlassen. Wir sollen aktiv werden und eingreifen, selbst dann, wenn das Tier in der Obhut eines unserer Hasser - oder um es anglistisch auszudrücken: eines unserer *Hater* - steht.

Darüber hinaus kann ein hilfreiches Eingreifen zu guten Beziehungen bis hin zur Annäherung zweier Feinde führen.

Gerechtigkeit am Ende der Zeit

Am Ende aller Tage wird Gott selbst eingreifen. Er wird Seinen Sohn ein zweites Mal auf die Erde schicken, denn es ist mehrfach verheißen: Christus wird wiederkommen. Er wird aller Grausamkeit ein Ende setzen und *die vernichten, welche die Erde vernichten*.[23]

Menschen, die sich gegen Gott auflehnen und gegen die Gebote Seiner Nächstenliebe verstoßen, werden nicht ohne Strafe davon kommen.

Auch wenn Gottes Worte von 'Strafe' und 'Hölle' ungern thematisiert werden, so ist es doch essentiell, sich immer wieder ins Bewusstsein zu

---

23 Offenbarung 11, 18 siehe S, 67 - 68

rufen: Gott sieht Grausamkeit. Er sieht Ungerechtigkeit. Gott sieht die Motivationen der Menschen. Gott sieht dem Menschen ins Herz und kennt sie inwendig. Gott weiß. Und eines Tages – so verheißt es die Heilige Schrift – wird es für die Lebenden und die Toten ein großes Gericht geben.

Hier wird die Spreu vom Weizen getrennt. Menschen, die Gott liebten und ihr Herz auf Ihn ausrichteten, werden anders angesehen werden als solche, die Gott ablehnten und Ihn nicht kennen wollten, die Seine Gebote der Mitmenschlichkeit missachteten und in dieser Welt zerstörerisch wirkten. Ein jeglicher wird seinen Lohn erhalten.

1. Korinther 3, 6 - 8

Ich habe gepflanzt,
Apollos hat begossen,
Gott aber hat das Gedeihen gegeben.
So ist also weder der etwas, welcher pflanzt,
noch der, welcher begießt,
sondern Gott, der das Gedeihen gibt.
Der aber, welcher pflanzt,
und der, welcher begießt, sind eins;
jeder aber wird seinen eigenen Lohn empfangen
entsprechend seiner eigenen Arbeit.

(Schlachter 2000)

Gegenüber den Kindern Gottes erhebt Gott keineswegs den Anspruch, sie müssten perfekt und fehlerfrei sein - das ist allein Jesus Christus, Gott selbst. Im Gegenteil: Das menschliche Scheitern jeglichen Versuchs, perfekt in Liebe und Mitgefühl zu sein und immer alles richtigzumachen, verherrlicht Gott nur – denn es kann nur *Er* sein, der perfekt ist. Nur der Schöpfer ist vollkommen, nicht Sein Geschöpf.

Solche aber, die bewusst und absichtlich zerstören, Schaden anrichten und Leid zufügen, oder aus Gleichgültigkeit die Zerstörung und das Leid anderer in Kauf nehmen, werden von Gott zur Rechenschaft gezogen werden. Das ist unser Trost.

Offenbarung 11, 18

Die Völker sind zornig geworden,
doch da ist dein Zorn gekommen und die Zeit,
die Toten zu richten
und den Lohn zu geben deinen Knechten,
den Propheten und Prophetinnen,
und den Heiligen
und denen, die deinen Namen fürchten,
ob klein oder groß,
und zu vernichten,
die die Erde zerstören.

(Züricher)

Die Völker haben sich im Zorn gegen dich aufgelehnt.
Darum trifft sie jetzt dein Zorn.
Die Zeit des Gerichts ist gekommen,
und die Toten wirst du richten.
Allen wirst du ihren Lohn geben:
deinen Dienern, den Propheten, und ebenso allen,
die dir gehören und Ehrfurcht vor dir haben,
den Großen wie den Kleinen.
Aber die unsere Erde ins Verderben gestürzt haben,
wirst du vernichten.
(Gute Nachricht Bibel)

Offenbarung 20, 12 - 13

Ich sah die Toten, die großen und die kleinen,
vor Gottes Thron stehen.
Und es wurden Bücher aufgeschlagen,
darunter auch das Buch des Lebens.
Und die Toten wurden nach dem gerichtet,
was in den Büchern über sie geschrieben stand,
nach dem, was sie getan hatten.
Auch das Meer gab seine Toten heraus,
und der Tod und die Totenwelt
gaben ihre Toten heraus.
Alle empfingen das Urteil,
das ihren Taten entsprach.
(Neues Leben + Gute Nachricht)

Was ist das wichtigste Gebot des Lebens?

Matthäus 22, 34 - 40

*Als aber die Pharisäer hörten,
dass Jesus die Sadduzäer zum Schweigen gebracht
hatte, versammelten sie sich am selben Ort.
Und in der Absicht, ihn auf die Probe zu stellen,
fragte ihn einer von ihnen, ein Gesetzeslehrer:
Meister, welches Gebot ist das höchste im Gesetz?
Er sagte zu ihm:
Du sollst den Herrn, deinen Gott,
lieben mit deinem ganzen Herzen
und mit deiner ganzen Seele
und mit deinem ganzen Verstand.
Dies ist das höchste und erste Gebot.
Das zweite aber ist ihm gleich:
Du sollst deinen Nächsten lieben wie dich selbst.
An diesen beiden Geboten
hängt das ganze Gesetz und die Propheten.*

(Züricher)

Ein herrschender, strafender und zeitweise zorniger Gott klingt für den einen oder anderen mindestens so furchteinflößend, oder gar abstoßend, wie der Gedanke an Strafe oder Hölle.

Doch worüber ist Gott zornig, sodass Er strafen will? - Über Unmenschlichkeit. Über Lieblosigkeit. Über Herzlosigkeit. Über fehlendes Erbarmen. Über fehlende Barmherzigkeit. Schlicht: über fehlende Liebe Ihm und Seiner Schöpfung gegenüber. Das Wissen um Gottes letztendliche Gerechtigkeit soll darum keine Angst machen, sondern uns trösten.

Seit je her gibt es Menschen, welche Tiere vernichten, die Umwelt schänden und alles, was sie in ihrem Herrschaftsbereich zu fassen bekommen, missbrauchen. Studiert man das Alte Testament, wird schnell deutlich: Zu allen Zeiten und der gesamten Menschheitsgeschichte hindurch gab es menschliche Grausamkeiten aller Art gegenüber allem, was Gott dem Menschen anvertraut hat.

Wieder und wieder hat der Mensch die Folgen seiner eigenen Gottlosigkeit erfahren, ja erfahren müssen. Der Schaden und das Leid, welche aus der Zerstörung, dem Missbrauch, der Lieblosigkeit, der Herzenshärte und all der Achtlosigkeit Gottes Schöpfung gegenüber entstanden, waren (und sind) immens.

Doch es gibt Hoffnung!

Der Prophet Jesaja sagt nicht nur Gottes Gericht voraus, sondern auch eine Zeit des Friedens und des Einklangs zwischen Mensch, Tier, Schöpfung und Schöpfergott.

Doch wie kann so etwas passieren? Was muss dem Frieden auf der Welt zwischen allen Geschöpfen vorausgehen, damit wahrer Frieden möglich wird? Der Prophet Hesekiel beantwortet es uns:

Nicht die äußeren Umstände müssen sich ändern, sondern der Mensch. Genauer gesagt: Das Herz des Menschen. Eine Veränderung und Erneuerung der Welt kann sich nur durch den Geist und das Herz der Menschen vollziehen. Erst, wenn sich der

Mensch wieder ganz seinem Schöpfer zuwendet, Gott mehr liebt als alles andere auf der Welt – mehr als Geld, Ruhm, Ansehen, Erfolg, Besitz, etc. - und seinen Nächsten liebt wie sich selbst, dann – und zwar *erst dann!* - wird alles Leid aufhören.

So können wir hoffnungsvoll auf die Verheißung des Propheten Micha schauen, in dessen Buch das vierte Kapitel in der Übersetzung nach Menge mit dem wundervollen Satz überschrieben ist:

Tröstliche Verheißung
bezüglich des zukünftigen Heils

Die Elberfelder überschreibt dasselbe Kapitel mit den Worten **Das zukünftige Friedensreich**. Die Schlachter 2000 mit **Aussicht auf das messianische Friedensreich in den letzten Tagen,** und die Züricher spricht vom **weltweiten Frieden**.

Micha 4, 3
Gott selbst schlichtet den Streit
zwischen den Völkern,
und den mächtigen Nationen
in weiter Ferne spricht er Recht.
Dann schmieden sie ihre Schwerter zu Pflugscharen
und ihre Speere zu Winzermessern.

Geschieht die innere Wandlung des Menschen, werden versteinerte Herzen Gottes Liebe und Barmherzigkeit erlangen. Infolgedessen kann und wird sich die Natur des Menschen ändern; die menschliche Natur, die weltlich gesinnt ist, wird durch eine göttliche Natur ersetzt werden.

Was bedeutet es, weltlich gesinnt zu sein?

Um herauszufinden, ob man weltlich oder schon geistlich und damit göttlich gesinnt ist, reicht es, sich ein paar einfache Fragen zu stellen:

Worauf lege ich in meinem alltäglichen Leben wert? Von anderen Menschen akzeptiert, anerkannt und gemocht zu werden? Oder von Gott akzeptiert, anerkannt und gemocht zu werden?

Möchte ich tun, was vor allem anderen gefällt und was vor allem *mir* gefällt? Oder möchte ich tun, was Gott gefällt?

Will ich, was *ich* will, oder will ich, was Gott will?

Nehme ich mein Leben in meine eigenen Hände, oder lege ich mein Leben in die Hände Gottes?

Wer regiert mein Leben? Ich, ein anderer Mensch, oder Gott?

Wem gebe ich in meinem Leben mit meinen Taten, Gedanken und Worten die Ehre? Mir oder Gott?

Was ist mein Wegweiser? Meine eigenen Wertvorstellungen, oder Gottes Wertvorstellungen und Seine Weisungen?

Wem will ich gefallen? Mir, anderen Menschen oder Gott?

Und was ist das Ziel meines Lebens? Beruflich erfolgreich zu werden? Reich zu sein? Berühmt zu werden? Bei den Menschen anerkannt zu sein? Bei den Nachbarn beliebt zu sein?

Oder möchte ich *meines Bruders Hüter sein*, Gottes Wort in die Welt tragen, meinen Nächsten lieben wie mich selbst, Verantwortung für Gottes Garten übernehmen und Seine Schöpfung bewahren und behüten?

Ein (neues) Herz für Tiere

Der Text des Propheten Jesaja offenbart uns, dass nicht nur der Mensch, sondern auch die Tiere ein neues Herz empfangen und damit eine andere Natur erlangen werden. Wilde und gefährliche Tiere werden eine friedliche Natur erhalten und friedlich miteinander leben können. Erd-, Himmels- und Meerestiere werden sich nicht mehr vor den Menschen fürchten (müssen), was Gott einst Noah verhieß, nachdem Er ihn vor der Flut rettete und Noah das erste Mal seit vielen Monaten wieder trockenes Land betrat.

1. Mose 9, 2
Alle Tiere auf der Erde,
alle Vögel am Himmel und alle Fische im Meer
werden sich vor euch fürchten müssen,
denn ich gebe sie in eure Hand.
(Hoffnung für Alle)

Die Menschen hatten schon einmal Gott vollkommen vergessen und meinten, ihr eigener Herr über ihr Leben zu sein. Infolgedessen herrschte Bösartigkeit, Missbrauch und Zerstörung auf allen Ebenen, in der Welt, wie auch im Innern jedes Einzelnen.

Gott reute die Erschaffung des Menschen und vernichtete sie, indem Er eine große Flut über die Erde kommen ließ. Lediglich acht Menschen schenkte er das Überleben, indem er Noah anhielt, eine Arche zu bauen.

Noah und seine Familie, die letzten gottesfürchtigen Menschen auf Erden, bauten die von Gott aufgetragene Arche, in welcher nicht nur sie, sondern auch *ein Paar* jeder Tierart unterkam und so die Flut überlebten.

Zum Zeichen des Bundes zwischen Seinen Kindern, die ihn von Herzen liebten und Ihm selbst, richtete Gott einen Bogen im Himmel ein, der uns jedes Mal an Seine Liebe, Fürsorge und Allmacht erinnern sollte: den Regenbogen.

Nein, er gehört nicht der links-grünen Regenbogen -Gesinnungsgemeinschaft, sondern jenen, die Gott wirklich und aufrichtig lieben, Ihn kennenlernen, Seinem Wort folgen und Seine Gebote halten wollen; die Ihm ihr Leben übergeben, Ihm alles im Leben widmen, nichts höher schätzen als Ihn und Gott – Gott Vater allein – die Ehre in ihrem Leben geben.

Der Regenbogen ist das Zeichen des Bundes Gottes mit Seiner Schöpfung und mit allem, was zu Ihm gehört.

1. Mose 9, 12 - 15

Dies soll das Zeichen des Bundes sein,
den ich zwischen mir und euch
und allen lebenden Wesen, die bei euch sind,
auf ewige Zeiten festsetze:
meinen Bogen stelle ich in die Wolken;
der soll das Zeichen des Bundes
zwischen mir und der Erde sein!
Wenn ich hinfort Gewölk über der Erde sammle
und der Bogen in den Wolken sichtbar wird,
dann will ich meines Bundes gedenken,
der zwischen mir und euch
und allen lebenden Wesen
jeglicher Fleischesart besteht.
(Menge)

Wenn die Zeit der Trübsal vorüber ist, das große Gericht stattfand und der Mensch ein neues Herz bekommen hat, werden nicht nur die Menschen, sondern auch die Tiere vielfach nicht mehr so sein, wie sie heute weitgehend durch die steinernen Herzen und das daraus resultierende Handeln des Menschen geworden sind. Dann werden auch die Tiere eine friedliche Natur erhalten. Erst dann werden alle friedlich miteinander leben können, so wie es einst von Gott beabsichtigt war, als er am selben Tag Tiere *und* Menschen schuf und ihnen einen Garten schenkte - den Garten Eden. Es war der göttliche Garten, indem es alles gab, was sich Seine Geschöpfe hätten wünschen können – einschließlich einer persönlichen und liebenden Beziehung mit ihrem Schöpfergott und daraus folgend Frieden untereinander.

Hosea 2, 20

Ich will auch an jenem Tage einen Bund
zu ihren Gunsten mit den Tieren des Feldes,
mit den Vögeln des Himmels
und mit dem Gewürm des Erdbodens schließen,
will Bogen, Schwerter und alles Kriegsgerät
zerbrechen und aus dem Lande wegschaffen
und sie in Sicherheit sich niederlegen lassen.

(Menge)

Und ich schließe für sie an jenem Tag einen Bund
mit den Tieren des Feldes
und mit den Vögeln des Himmels
und mit den kriechenden Tieren des Erdbodens.
Und Bogen und Schwert und Krieg zerbreche ich
⟨und entferne sie⟩ aus dem Land.
Und ich lasse sie in Sicherheit wohnen.

(Elberfelder)

Gott will nicht nur einen Bund mit *uns* schließen, sondern auch einen Bund zu *unseren Gunsten* mit den Tieren.

In Gottes ewigem Reich läuft am Ende aller Zeiten alles auf eines hinaus: auf die Beziehung jedes einzelnen Wesens zu Gott, dem Schöpfer von allem.

Psalm 150, 6

Alles, was Odem hat,

lobe den HERRN! Halleluja!

(Menge)

Sobald die Beziehung zu Gott zur Ordnung gekommen ist, können auch unsere menschlichen Beziehungen zur Ordnung kommen und darüber hinaus unser ganzes Leben. Das bedeutet nicht, wir Christen lebten in dieser Welt im Himmelreich! Nein – die Welt ist noch immer die Welt, samt all ihrer in ihr herrschenden Gottesferne und den daraus entspringenden Lieblosigkeiten aller Art.

Doch wir *wissen* um das Himmelreich. Wir kennen unseren liebenden Schöpfer. Es steht uns frei, uns immer tiefer und tiefer in eine persönliche Beziehung mit Ihm hineinzubegeben und somit einen Vorgeschmack auf das zu bekommen, was uns in Seinem ewigen Reich erwartet.

Dein Reich komme

Nicht ohne Grund hat Jesus uns unter anderem Beten gelehrt. Seine Worte, die durch Matthäus überliefert wurden, sind heute in der ganzen Welt und in so gut wie jeder Sprache bekannt.

Matthäus 6, 5 – 15

'Wenn ihr betet, dann tut es nicht wie die Scheinheiligen! Sie beten gern öffentlich in den Synagogen und an den Straßenecken, damit sie von allen gesehen werden. Ich versichere euch: Sie haben ihren Lohn bereits bekommen.

Wenn du beten willst, dann geh in dein Zimmer, schließ die Tür zu und bete zu deinem Vater, der im Verborgenen ist. Dein Vater, der auch das Verborgene sieht, wird dich dafür belohnen.

Plappert nicht vor euch hin, wenn ihr betet, wie es die Menschen tun, die Gott nicht kennen. Sie glauben, dass ihre Gebete erhört werden, wenn sie die Worte nur oft genug wiederholen.[24]

Folgt nicht ihrem schlechten Beispiel, denn euer Vater weiß genau, was ihr braucht, schon bevor ihr

---

24 Wörtlich: wie die Heiden. – Viele nichtjüdische Völker glaubten, dass sich durch möglichst lange Gebete deren Wirksamkeit erhöhte. Quelle: Bibelserver.com - HfA

ihn um etwas bittet.

So sollt ihr beten:

Unser Vater im Himmel.
Dein Name werde geheiligt.
Dein Reich komme.
Dein Wille geschehe, wie im Himmel, so auf Erden.
Unser tägliches Brot gib uns heute;
Und vergib uns unsere Schulden,
wie auch wir vergeben unseren Schuldnern.
Und führe uns nicht in Versuchung,
sondern erlöse uns von dem Bösen.[25]

Denn wenn ihr den Menschen ihre Verfehlungen vergebt, dann wird euer himmlischer Vater auch euch vergeben.

Wenn ihr aber den Menschen nicht vergebt, dann wird auch euer Vater eure Verfehlungen nicht vergeben.'

(Diese Abschnitte bilden den zusammenhängenden Text aus folgenden Übersetzungen: Elberfelder, Menge, Schlachter 2000, Züricher, HfA , Gute Nachricht+ Neues Leben)

---

25 Die wichtigsten Handschriften enthalten nur den oben wiedergegebenen Text. Viele fügen jedoch an: 'Denn dein ist das Reich und die Kraft und die Herrlichkeit in Ewigkeit. Amen.' Quelle: Bibelserver.com Züricher

Täglich beten Millionen Menschen: Dein Reich komme. Es ist eine Aufforderung; eine Bitte; oft auch ein Flehen; und es ist Hoffnung. Denn Gott hat uns zugesagt: Sein Reich *wird* kommen.

Offenbarung 21, 4 – 5

Und Gott wird abwischen
alle Tränen von ihren Augen,
und der Tod wird nicht mehr sein,
weder Leid noch Geschrei
noch Schmerz wird mehr sein;
denn das Erste ist vergangen.
Und der auf dem Thron saß, sprach:
Siehe, ich mache alles neu!

(Schlachter 2000)

Aus der Welt herausgerufen

Menschen, die erkannt haben, es *muss* einen Schöpfergott geben, ohne den es diese Welt und alles, was existiert, nie geben würde; und die darüber hinaus eine persönliche Beziehung zu Gott aufgenommen haben, sind – wie es Gottes Wort ausdrückt – *aus der Welt herausgerufen.*

Johannes 15, 19

Wenn ihr aus der Welt wärt
(auch: wenn ihr zur Welt gehörtet),
so würde die Welt euch
als das zu ihr Gehörige lieben;
weil ihr aber nicht aus der Welt seid,
sondern ich euch aus der Welt
heraus erwählt (ausgesondert) habe,
deshalb hasst euch die Welt.
(Menge)

Die Welt würde euch als ihre Kinder lieben,
wenn ihr zu ihr gehören würdet.
Aber ich habe euch aus der Welt herausgerufen
und ihr gehört nicht zu ihr.
Aus diesem Grund hasst euch die Welt.
(Gute Nachricht)

Diese Welt würde euch lieben,
wenn ihr zu ihr gehören würdet.
Doch ihr gehört nicht mehr dazu.
Ich selbst habe euch erwählt
und aus der Welt herausgerufen.
(auch: aus der Welt herauszutreten)
Darum hasst sie euch.
(Hoffnung für Alle)

Alle, die spüren, dass sie aus der Welt herausgerufen und zu einem Leben mit Gott erwählt sind – das heißt: Deren Leben sich auf Gott bezieht, nicht allein auf die Welt - finden sich zumeist in einer vollkommen anderen Realität als all jene, welche die Welt lieben, sich an ihr vergnügen, sie regieren wollen und sich nicht selten an ihr vergehen. Jene von Gott Herausgerufene, deren Gewissen auf Gott gerichtet ist, die sich bewusst sind, am Ende der Zeit ihrem Schöpfer auf ihr gelebtes Leben antworten zu müssen, fühlen sich nicht selten in einer Welt, die sich nur allzu oft anfühlt, als sei sie längst gefallen, verloren.

Glauben: Sein Wesen und seine Wirkungen

Hebräer Kapitel 11 – ein kleiner Exkurs

Der Glaube ist der tragende Grund für das, was man hofft: Im Vertrauen zeigt sich jetzt schon, was man noch nicht sieht.[26]

---

26 Wörtlich "Der Glaube ist ein Festsein des Erhofften und ein Beweis der unsichtbaren Dinge." Die verbreitete Deutung "Der Glaube ist eine feste Zuversicht (auf das Erhoffte) und ein Überzeugtsein (von den unsichtbaren Dingen)" scheint zwar vom Zusammenhang her passender, ist jedoch von den griechischen Wortbedeutungen her nicht zu rechtfertigen. Der Verfasser will offenbar den festen Grund benennen, der den Glauben trägt und

Unsere Vorfahren lebten diesen Glauben. Deshalb hat Gott sie als Vorbilder für uns hingestellt. Durch unseren Glauben verstehen wir, dass die ganze Welt durch Gottes Wort geschaffen wurde, dass alles Sichtbare aus Unsichtbarem entstanden ist.

Weil Abel an Gott glaubte, war sein Opfer besser als das seines Bruders Kain. Gott nahm sein Opfer an, und Abel fand Gottes Anerkennung. Obwohl Abel schon lange tot ist, spricht er so noch heute zu uns und zeigt uns, was es heißt, Gott zu vertrauen. (siehe hierzu: 1. Mose 4, 3 - 10)

Weil Henoch glaubte, nahm Gott ihn zu sich, so dass er nicht sterben musste; er war plötzlich nicht mehr da. Die Heilige Schrift bestätigt, dass Henoch so gelebt hat, wie es Gott gefiel. (Siehe hierzu: 1. Mose 5, 21 - 24)

Denn Gott hat nur an den Menschen Gefallen, die ihm fest vertrauen. Ohne Glauben ist das unmöglich. Wer nämlich zu Gott kommen will, muss darauf vertrauen, dass es ihn gibt und dass er alle belohnen wird, die ihn suchen.

Auch Noah glaubte Gott und befolgte gehorsam seine Anweisungen. Er baute ein großes Schiff, obwohl weit und breit keine Gefahr zu sehen war.

---

der sich im unerschütterlichen Vertrauen der Glaubenden "als" dieser tragende Grund bezeugt. Quelle: Bibelsever.com – Hebräer 11,1 GN

Deshalb wurde er mit seiner ganzen Familie gerettet. Durch seinen Glauben wurde der Unglaube der anderen Menschen erst richtig deutlich. Und durch diesen Glauben fand Noah auch Gottes Anerkennung. *(Siehe hierzu: 1. Mose 6, 13 - 21; 1. Petrus 3, 20)*

Ebenso glaubte Abraham fest an Gott und hörte auf ihn. Als Gott ihm befahl, in ein Land zu ziehen, das ihm erst viel später gehören sollte, verließ er seine Heimat. Dabei wusste er überhaupt nicht, wohin er kommen würde. Er vertraute Gott. Das gab ihm die Kraft, als Fremder in dem Land zu leben, das Gott ihm versprochen hatte. Wie Isaak und Jakob, denen Gott dieselbe Zusage gab, wohnte er nur in Zelten. Denn Abraham wartete auf die Stadt, die wirklich auf festen Fundamenten steht, deren Bauherr und Schöpfer Gott selbst ist. *(Siehe hierzu: 1. Mose 12, 1 – 2)*

Und Sara, Abrahams Frau, die eigentlich unfruchtbar war, glaubte unerschütterlich an Gottes Zusage, dass sie noch ein Kind bekommen würde. Sie wusste, dass Gott alle seine Zusagen einhält. Und tatsächlich wurde sie schwanger, obwohl sie dafür schon viel zu alt war. So erhielt Abraham, der eigentlich schon gar keine Kinder mehr zeugen konnte, Nachkommen so zahlreich wie der Sand am Meer und die Sterne am Himmel. *(Siehe hierzu: 1. Mose 17, 19; 18, 11 – 14; 21, 1 – 2)*

Im Glauben sind diese alle gestorben, ohne die

(Erfüllung der) Verheißungen erlangt zu haben. Nur von ferne haben sie sie gesehen, sie gegrüßt und bekannt, dass sie Gäste ohne Bürgerrecht und Fremdlinge sind auf Erden. (d.h. solche, die vorübergehend, auf der Durchreise, bei einem fremden Volk leben (siehe auch 1. Petrus 1, 1; 2, 11)[27]

Wer aber zugibt, hier nur ein Fremder zu sein, der sagt damit auch, dass er seine wirkliche Heimat noch sucht. Und hätten sie dabei jenes im Sinn gehabt, von dem sie ausgegangen waren, so hätten sie ja Gelegenheit gehabt, zurückzukehren. Nun aber trachten sie nach einem besseren, nämlich einem himmlischen. Darum schämt sich Gott ihrer nicht, ihr Gott genannt zu werden; denn er hat ihnen eine Stadt, bereitet (eine Heimat, in der sie ein Bürgerrecht haben.)

Abraham glaubte so unerschütterlich an Gott, dass er sogar bereit war, seinen einzigen Sohn Isaak zu opfern, als Gott ihn auf die Probe stellte. Und das, obwohl ihm Gott ein Versprechen gegeben und gesagt hatte: 'Die Nachkommen deines Sohnes Isaak werden das auserwählte Volk sein.' Abraham traute es Gott zu, dass er Isaak sogar von den Toten auferwecken könnte, und bildlich gesprochen hat Gott Isaak das Leben ja auch noch einmal geschenkt.
(Siehe hierzu: 1. Mose 22, 1 - 19)

---

27 Quelle: Bibelserver.com Schlachter 2000

Ebenso vertraute Isaak Gott. Darum segnete er seine Söhne Jakob und Esau im Blick auf die Zukunft. (Siehe Hierzu: 1. Mose 27, 27 – 40)

Jakob segnete kurz vor seinem Tod in festem Glauben die beiden Söhne von Josef. Auf seinen Stab gestützt, betete er Gott an. (1. Mose 47, 31 – 48, 20)

Weil Josef an Gottes Zusagen glaubte, konnte er vor seinem Tod voraussagen, dass die Israeliten Ägypten eines Tages wieder verlassen würden. Er rechnete so fest damit, dass er anordnete, sie sollten bei ihrem Weggang seine Gebeine mitnehmen. (1. Mose 50, 24 – 25; 2. Mose 13, 19)

Weil die Eltern von Mose unerschütterlich an Gott glaubten, hatten sie keine Angst, gegen den Befehl des Pharaos zu handeln: Sie hatten ein schönes Kind bekommen und versteckten es drei Monate lang. (2. Mose 1, 22; 2, 2)

Auch Mose vertraute Gott. Denn als er erwachsen war, weigerte er sich, noch länger als Sohn der Pharaonentochter zu gelten. Lieber wollte er gemeinsam mit Gottes Volk Unterdrückung und Verfolgung erleiden, als für kurze Zeit das gottlose Leben am Königshof zu genießen. (2. Mose 2, 10 – 12)

Er hielt die Leiden, die auch Christus auf sich nahm, für besseren Reichtum als die Schätze Ägyptens, denn er sah der großen Belohnung entgegen, die Gott ihm geben würde. In solchem

Vertrauen verließ Mose Ägypten und fürchtete sich nicht vor dem Zorn des Königs. Er hatte den unsichtbaren Gott vor Augen, als ob er ihn wirklich sehen würde, und das gab ihm Mut und Ausdauer.

In solchem Vertrauen führte Mose das Passafest ein und befahl, die Türpfosten und Türbalken mit Blut zu bestreichen, damit der Todesengel die erstgeborenen Söhne der Israeliten verschone. *(2. Mose 12, 1 – 14)*

In solchem Vertrauen konnten die Israeliten das Rote Meer durchqueren wie trockenes Land. Als die Ägypter das auch versuchten, ertranken sie. *(2. Mose 14, 21 – 30)*

Solches Vertrauen brachte die Mauern von Jericho zum Einsturz, nachdem die Israeliten sieben Tage lang um die Stadt gezogen waren. *(Josua 6)*

Solches Vertrauen rettete der Hure Rahab das Leben. Sie hatte die israelitischen Kundschafter freundlich aufgenommen; deshalb wurde sie nicht zusammen mit den anderen getötet, die sich Gott widersetzten. *(Josua 2, 6; 20 – 25)*

Soll ich noch mehr aufzählen? Die Zeit würde nicht ausreichen, um von Gideon und Barak und Simson und Jiftach, von David und Samuel und den Propheten zu erzählen.

In solchem Vertrauen kämpften sie gegen Königreiche und trugen den Sieg davon. Sie sorgten für Recht und durften erleben, dass Gott seine Zusagen erfüllt. Sie verschlossen den Rachen von Löwen und löschten glühendes Feuer. Sie entrannen dem Tod durch das Schwert. Sie waren schwach und wurden stark. Im Kampf wuchsen ihnen Heldenkräfte zu, sie trieben fremde Heere zurück.

In solchem Vertrauen bekamen Frauen ihre Toten als Auferstandene lebendig zurück. Doch andere in Israel ließen sich zu Tode foltern, sie weigerten sich, die angebotene Freilassung anzunehmen; denn sie wollten zu einer weit besseren Auferstehung gelangen.

Wieder andere mussten Spott und Geißelung hinnehmen, auch Fesseln und Gefängnis. Sie sind gesteinigt, zersägt, mit dem Schwert erschlagen worden; sie sind in Fellen von Schafen und Ziegen umhergegangen, haben Mangel, Not und Qual erfahren; sie, deren die Welt nicht wert war, irrten umher in Wüsten und Gebirgen, in Höhlen und Löchern der Erde.

Und diese alle, obgleich sie durch den Glauben ein gutes Zeugnis empfingen, haben das Verheißene nicht erlangt, weil Gott für uns etwas Besseres zuvor ersehen hatte: sie sollten nicht ohne uns zur (himmlischen) Vollendung gelangen.

(Siehe hierzu folgende Übersetzungen: Elberfelder, Menge, Schlachter 2000, Züricher, HfA , Gute Nachricht+ Neues Leben)

Gott hat einen Plan mit uns. Und Er wird unsere Treue belohnen. Gott fordert uns auf, Seiner Verheißung auf das Heilige Zion zu trauen, auf die himmlische Stadt, in der unser Erlöser uns eine Wohnung bereitet hat.

Johannes 14, 2

Im Haus meines Vaters sind viele Wohnungen;
wenn nicht, so hätte ich es euch gesagt.
Ich gehe hin, um euch eine Stätte zu bereiten.
(Schlachter 2000)

Dazumal haben wir nicht nur eine wundervolle Verheißung, auf die wir uns jetzt schon über alle Maßen freuen können, sondern auch eine Aufgabe auf dieser Welt: Wir sind dazu bestimmt, Salz und Licht für diese Erde zu sein.

Matthäus 5, 13 - 16

Ihr seid das Salz der Erde.
Wenn aber das Salz fade wird,
womit soll man dann salzen?
Es taugt zu nichts mehr,
man wirft es weg und die Leute zertreten es.
Ihr seid das Licht der Welt.
Eine Stadt, die oben auf einem Berg liegt,
kann nicht verborgen bleiben.

Dazu sind wir von unserem Herrn berufen: Salz und Licht zu sein, ohne welches die Erde verloren und längst im Chaos versunken wäre.

Mut

Warum das alles? Das gesamte Kapitel aus dem Brief an die Hebräer? Gottes Plan? Unsere Aufgabe? Warum all die vielen Worte, die scheinbar vom Thema wegführen?

- Weil sie dir Mut machen sollen. Mut, dich in der Welt für das Richtige einzusetzen. Mut, dich für Tiere, die leiden, ungerecht behandelt oder gequält werden, stark zu machen. Mut, deine Stimme zu erheben und dich Menschen, die Gott nicht kennen, deren Herzen verhärtet sind und die unsere von Gott geliebten Tiere ungerecht behandeln, entgegenzustellen.

Es gibt keinen Grund, Angst zu haben in der Welt und/oder *vor* der Welt. Denn es ist uns der Himmel verheißen, sobald wir Gott unser Herz öffnen, aus vollem Herzen *Ja* zu Ihm sagen und Ihm nachfolgen.

Ein bekannter und bekennender Christ, Martin Luther King Jr., beteuerte in einer seiner Reden:

Never, never be afraid to do what's right,
especially if the well-being of a person
or animal is at stake.
Society's punishments are small
compared to the wounds
we inflict on our soul when we look the other way.

Sei niemals, niemals besorgt darum,
was richtig ist, vor allem dann nicht,
wenn das Wohlbefinden einer Person
oder eines Tieres auf dem Spiel steht.
Die Strafen der Gesellschaft
(auch: der Ausschluss aus der Gesellschaft)
sind unbedeutend
verglichen mit den Wunden,
die wir unserer Seele zufügen,
wenn wir wegschauen.
Martin Luther King Jr.

Gott ist mit uns! Traue dich, zu glauben: Gott ist mit mir! Nicht weil ich odcr irgendein anderer Mensch perfekt wären, fehlerfrei oder sündlos. Sondern weil ich Gott liebe, Ihm nacheifere, Seine Gebote zu halten bestrebt bin und Ihm, Ihm allein, den Platz auf dem Thron meines Lebens gewähre - nicht mir, meinem Erfolg, meinem Geld, oder was es auch immer für reizvolle Verführungen in der Welt gibt, die sich nicht selten für kurze Zeit ach so gut anfühlen.

Gott ist mit mir, weil Ihm mein Herz gehört. Gott ist mit mir, weil es mein sehnlichster Wunsch ist, Sein Herz nicht zu betrüben. Gott ist mit mir, weil ich nach bestem Wissen und Fähigkeiten versuche, nach Gottes Vorstellungen zu leben, nicht nach meinen. Gott ist mit mir, weil ich Ihm, Seinem eingeborenen Sohn – Jesus Christus – nachfolge.

Mögest du den Mut finden, dich in der Welt für Gott starkzumachen und dem Dienst an Seinem Reich treu zu bleiben. Mögest du stark im Glauben stehen und Liebe säen, wo Lieblosigkeit, Hartherzigkeit und Ungerechtigkeit in dein Leben einbricht. Mögest du Beistand leisten, wo du oder andere ungesehen zurückgelassen werden. Mögest du auf Gott schauen, wo die Welt deinen Blick auf sich selbst lenken möchte. Und mögest Du die Kraft finden, weiterzumachen, wenn Du längst aufgeben möchtest.

Gott ist mit dir.

Antonia Katharina Tessnow

Altes Jagdhaus
Sukow, Februar 2025

Biblische Segen

5. Mose 31, 6

Seid mutig und stark!
Habt keine Angst
und lasst euch nicht von ihnen einschüchtern!
Denn der HERR, euer Gott, geht mit euch.
Er hält immer zu euch
und lässt euch nicht im Stich!

(HfA)

Josua 1, 9

Ich sage dir noch einmal:
Sei mutig und entschlossen!
Hab keine Angst
und lass dich durch nichts erschrecken;
denn ich, der HERR, dein Gott, bin bei dir,
wohin du auch gehst!

(Gute Nachricht)

Psalm 27, 1

Der HERR ist mein Licht, er rettet mich.
Vor wem sollte ich mich noch fürchten?
Bei ihm bin ich geborgen wie in einer Burg.
Vor wem sollte ich noch zittern und zagen?

(HfA)

Psalm 91, 9 - 11

Wenn der HERR deine Zuflucht ist,
wenn du beim Höchsten Schutz suchst,
dann wird das Böse dir nichts anhaben können,
und kein Unglück wird dein Haus erreichen.
Denn er befiehlt seinen Engeln,
dich zu beschützen, wo immer du gehst.
Auf Händen tragen sie dich,
damit du deinen Fuß nicht an einen Stein stößt.
Löwen und giftige Schlangen wirst du zertreten,
wilde Löwen und Schlangen
wirst du mit deinen Füßen niedertreten!
Der HERR spricht: 'Ich will den erretten,
der mich liebt. Ich will den beschützen,
der auf meinen Namen vertraut.'
(Neues Leben)

Jesaja 41, 10

Fürchte dich nicht, denn ich bin bei dir.
Sieh dich nicht ängstlich nach Hilfe um,
denn ich bin dein Gott:
Meine Entscheidung für dich steht fest,
ich helfe dir.
Ich unterstütze dich,
indem ich mit meiner siegreichen Hand
Gerechtigkeit übe.
(Neues Leben)

Jesaja 54, 10

Berge mögen einstürzen und Hügel wanken,
aber meine Liebe zu dir wird nie erschüttert,
und mein Friedensbund mit dir
wird niemals wanken.
Das verspreche ich,
der HERR, der sich über dich erbarmt!
(HfA)

Epheser 3, 16 - 19

Ich bitte Gott,
euch aus seinem unerschöpflichen Reichtum
Kraft zu schenken,
damit ihr durch seinen Geist innerlich stark werdet.
Mein Gebet ist, dass Christus durch den Glauben
in euch lebt.
In seiner Liebe sollt ihr fest verwurzelt sein;
auf sie sollt ihr bauen.
Ich bitte ihn, dass ihr zusammen mit der ganzen
Gemeinschaft der Glaubenden (zusammen mit allen
Heiligen) begreifen lernt,
wie unermesslich reich euch Gott beschenkt.
Denn nur so könnt ihr mit allen anderen Gläubigen
das ganze Ausmaß seiner Liebe erfahren.
Ja, ich bete, dass ihr diese Liebe
immer tiefer versteht,
die wir doch mit unserem Verstand

niemals ganz fassen können.
Dann werdet ihr auch immer mehr
mit dem ganzen Reichtum des Lebens erfüllt sein,
der bei Gott zu finden ist.
(HfA + GN + NL)

1. Thessalonicher 3, 12
Euch aber lasse der Herr wachsen
und immer reicher werden
in der Liebe untereinander
und zu jedermann.
(Luther 2017)

2. Thessalonicher 3, 16
Der Herr selbst aber, von dem aller Frieden kommt,
schenke euch jederzeit und auf jede Weise
seinen Frieden.
Der Herr stehe euch allen bei!
(Gute Nachricht)

2. Korinther 13, 13
Die Gnade unseres Herrn Jesus Christus
und die Liebe Gottes
und die Gemeinschaft stiftende Kraft
des Heiligen Geistes
sei mit euch allen!
(Gute Nachricht)

(1) Our investigators show that Fauci's NIH division shipped part of a \$375,800 grant to a lab in Tunisia to drug beagles and lock their heads in mesh cages filled with hungry sand flies so that the insects could eat them alive," White Coat Waste told Changing America. "They also locked beagles alone in cages in the desert overnight for nine consecutive nights to use them as bait to attract infectious sand flies.

Zur Autorin

Antonia Katharina Tessnow ist 1975 in Berlin geboren, besuchte eine evangelische Schule und lebte im Anschluss ein Jahr bei einer bibeltreuen, christlichen Familie in den Vereinigten Staaten von Amerika, wo sie ihren High School Abschluss absolvierte. Obwohl sie schon früh unterschiedliche Bibelübersetzungen las und sich zur christlichen Lehre hingezogen fühlte, verließ sie diesen Weg und bewegte sich viele Jahre in der Esoterik-Szene und dem New Age. Diese Erfahrung ermöglichte ihr ein tiefes Verständnis dessen, was gemeinhin als satanische Verführung bezeichnet wird.

Mit Anfang 40 erfuhr sie ihre Bekehrung. Inspiriert von der Heiligen Schrift publizierte sie zahlreiche christliche Bücher, darunter auch *Die Bibel - Ein Leben in Gottes Hand, Eine essentielle Zusammenfassung aller biblischen Bücher*.

Anschließend absolvierte sie ein Bibelstudium an der Internationalen Schule des Dienstes, welches sie mit dem weltweit anerkannten Master of Ministry abschloss.

Seit dem plötzlichen Tod ihres Chefs im November 2020, dem sie über 20 Jahre lang diente und dem sie sich sehr verbunden fühlte, und dem ebenso plötzlichen Tods ihres Ehemannes im Juni 2021, lebt Antonia Katharina Tessnow ein stilles, zurückgezogenes Leben und widmet viel Zeit dem Studium der Bibel. Sie gründete die Hauskirchengemeinde 'Kirche des Friedens' und dient durch ihre Publikationen, ihre Musik und ihren Hundezuchtbetrieb im Alten Jagdhaus der Ehre und Verbreitung von Gottes Wort.

Zur Autorin:

www.antonia-katharina.de

www.bolonka-zucht.de

www.light-in-time.com

www.tattoo-spirit.com

Youtube Kanal:
*Antonia Katharina
aus dem Alten Jagdhaus*

Die Bibel -

Ein Leben in Gottes Hand

Kompendium aller biblischen Bücher

*Eine essentielle Zusammenfassung
der gesamten Heiligen Schrift*

Hier finden Sie einen guten Überblick
über jedes einzelne Buch der Bibel

Das Jahreswerk 2021/22

Du suchst Halt in dieser unsicheren Zeit? Du sehnst dich nach Sicherheit und Trost? Du bist über die Ereignisse in dieser Welt besorgt? Vielleicht sogar beängstigt? Es gibt einen Hort der Sicherheit, der Kraft spendet, Geborgenheit schenkt und ewig ist. Sobald du diesen Hort der Sicherheit und diese Quelle der Kraft für dich erschlossen hast, ist sie unerschöpflich. Dieses Kompendium der biblischen

Bücher möchte dich dazu einladen, dich auf die Reise zu machen, um eben diese unversiegbare Quelle zu erschließen.

Hast du dich schon einmal gefragt, was die Bibel mit dir persönlich zu tun haben soll? Diese essentielle Zusammenfassung aller biblischen Bücher gibt Antworten. Sie ermöglicht es dir, einen Überblick über die Heilige Schrift zu gewinnen, den Zusammenhang der einzelnen Bücher zu verstehen und einen unmittelbaren Bezug zwischen dem Inhalt der Bibel und deinem ganz persönlichen Leben herzustellen.

Die Bibel ist nichts Abstraktes, sondern Gott spricht durch dieses Buch zu Seinen Kindern, die Er liebt und zu denen Er in Beziehung treten will. Erlaube Seinen Worten, dich zu berühren, deinem Leben eine neue Perspektive zu geben und dir damit eine ganz neue Welt zu eröffnen.

Dies alles habe ich euch gesagt,
damit ihr in meinem Frieden geborgen seid.
In der Welt habt ihr Angst,
doch seid getrost,
ich habe die Welt überwunden.

Johannes 16, 33

Die biblischen Bücher
als Einzelausgabe im Großdruck

inklusive Übersetzungsalternativen aus
unterschiedlichen Quellen

Warum Einzelausgaben der biblischen Bücher? Der Grund ist so einfach wie praktisch: Die Bibel hat auf Grund ihres vollen Umfangs, selbst bei großformatigen Ausgaben, zumeist eine sehr kleine Schrift und ist demnach entsprechend schwer zu lesen. Möchte man zudem die Bibel gerne mitnehmen, um unterwegs zu lesen, entscheidet man sich schnell dagegen, solch ein schweres Buch den ganzen Tag mit sich umherzutragen.

Einzelne Bücher der Bibel erlauben dagegen eine für die Augen angenehme Schriftgröße und erleichtern somit das Lesen erheblich. An Stelle eines umfangreichen, schweren Buches ist es nun möglich, einen Text Ihrer Wahl in leicht tragbarer Ausführung mitzunehmen. So kann die Bibel einfach unterwegs gelesen werden. Mit anderen Worten: Luther hat die Bibel zugänglich gemacht, diese Version macht sie mühelos lesbar.

Zudem eignen sich die einzelnen Bücher hervorragend als Einstieg in die Bibel sowie als Geschenk; nicht nur für Menschen, welche die biblische Heilsbotschaft bereits erreicht hat, sondern auch für alle, die sich noch nicht an die Heilige Schrift heranwagten oder sich von dem Gesamtumfang der Bibel möglicherweise überfordert fühlen.

Die Botschaft der Bibel kann eine große Hilfe und Stütze sein, Zuversicht schenken, Hoffnung machen und uns trösten, gerade in einer Zeit, in der wir des Trosts so sehr bedürfen.

Wer den Weg nach Hause sucht, der soll wissen, dass er offen steht. Dieser Weg wird in der Heiligen Schrift gewiesen. Mit der Entscheidung, sich für die Botschaft der Bibel zu öffnen und diesen Weg zu gehen, haben unzählige Menschen seit Jahrhunderten ihr Heil gefunden. Und das bis zum heutigen Tag.

Übersetzung nach Martin Luther, 1545

Schriftsatz, Layout, Formatierung:
Antonia Katharina Tessnow

www.antonia-katharina.de

Die Bedeutung von Musik
in Gottes ewigem Königreich

Eine Betrachtung von musikalischem Dienst vor dem Hintergrund biblischer Lehre

oder: Warum wir hier sind

Masterarbeit zum Bibelstudium an der Internationalen Schule des Dienstes

Das Leben begann nicht auf der Erde, sondern lange vorher in den Himmeln, wo die Musik ursprünglich in den Autoritätsbereich des Luzifer gehörte. Sie unterstand vollständig seiner Leitung. Doch Luzifer fiel.

Bis heute wirkt Er in dem Bereich seiner Einflusssphäre auf manchmal mehr, manchmal weniger offenkundige Art und Weise. Die Macht, die er durch Musik ausübt, zielt darauf ab, die Seelen in seinen Bann zu ziehen, sie irrezuleiten und zu Fall zu bringen, um sie letztendlich an sich zu binden und an sein Reich zu ketten.

Erschaffen hat Luzifer die Musik jedoch nicht, sondern Gott, dessen Allmacht alles bedingt und somit allem zugrunde liegt. So wohnt dem musikalischen Lobpreis und der Anbetung des Schöpfers eine Kraft und eine Macht inne, welche den Einfluss Luzifers bei weitem überragt.

Dieses Buch betrachtet Musik nicht nur vor dem Hintergrund biblischer Lehre, sondern fasst auch die Geschichte, die Entwicklung, den Einfluss und die Bedeutung zusammen, welche Musik auf der Welt, in den Himmeln, für Luzifer, für die Nachfolger Jesu und für den König aller Könige - Gott - hat. Des Weiteren geht es auf einen wesentlichen Grund für Gottes Erschaffung des Menschen ein und erläutert die Stellung Seiner geliebten Kinder im Hinblick auf ihre Aufgabe hier auf der Erde.

*Die Pforten des Totenreiches
sollen dich nicht überwältigen,
denn ich will dir
die Schlüssel des Reiches der Himmel geben.*

(nach Matthäus 16, 18 - 19)

Christus ist Sieger

Der Weg zum Himmel
9 Buchberichte

Teil der Abschlussarbeit des
Masters of Ministries
der Internationalen Schule des Dienstes

Manchmal hat ein Mensch im Leben das große Glück, von Jesus gefunden zu werden. Wenn das passiert, öffnet sich nicht nur ein Herz, nicht nur eine neue Welt, sondern das Himmelreich.

Doch weit ist die Pforte und breit der Weg,
der ins Verderben führt, und es sind ihrer viele,
die auf ihm hineingehen.
Eng ist dagegen die Pforte und schmal der Weg,
der ins Leben führt,
und nur wenige sind es, die ihn finden.

(Matthäus 7, 13 - 14)

Neben der Heiligen Schrift und dem zusammen-fassenden Überblick über alle biblischen Bücher unter dem Titel *'Die Bibel - ein Leben in Gottes Hand'* gibt es zahlreiche Bücher gläubiger Autoren und wiedergeborener Christen, die dem Suchenden helfen, die schmale Pforte zum Himmelreich zu finden.

Dieses kurzweilige Büchlein gewährt einen Einblick in 9 Publikationen. Alle Buchberichte wurden im Rahmen der Abschlussarbeit zum Masterstudiengang des Bibelstudiums an der Internationalen Schule des Dienstes verfasst. Mögen Sie durch diese Inspirationen reichlich gesegnet sein.

Die Tierliebe Jesu

Christliche Inspirationen aus dem
Evangelium des vollkommenen Lebens

Dieses Buch liegt
in deutscher und englischer Sprache vor

Jesus Christus lehrte nicht nur die Liebe für unsere menschlichen Brüder und Schwestern, sondern auch für unsere treuen, liebevollen und empfindsamen Begleiter, die Tiere.

Die Auszüge aus dem Evangelium Jesu, auch bekannt unter dem Titel

'Das Evangelium des Ewigen Lebens'

gibt einen tiefen Einblick in das Gebot unseres Heilandes, unseren Brüdern und Schwestern, den Tieren, liebevoll zu begegnen und voll Mitgefühl mit ihnen umzugehen. Für jeden, der hofft, Orientierung zu finden sicheren Schrittes durch sein Leben zu gehen, lohnt es sich, sein Leben an den Lehren Jesu zu orientieren.

Ein kleiner Anhang gibt zudem ein paar Einblicke in die Philosophie anderer Religionen und Schriftsteller, die sich ebenfalls anrührend und klar zu ihrer Tierliebe bekennen.

Die Heilungswunder Jesu

Heilungswunder der Apostel

und eine Botschaft an die Gläubigen

Es gibt nun zwar verschiedene Arten von Gnadengaben, aber nur einen und denselben Geist; und es gibt verschiedene Arten von Dienstleistungen, doch nur einen und denselben Herrn; und es gibt verschiedene Arten von Kraftwirkungen, aber nur einen und denselben Gott, der alles in allen wirkt. Jedem wird aber die Offenbarung des Geistes zum allgemeinen Besten verliehen. So wird dem einen durch den Geist Weisheitsrede verliehen, einem andern Erkenntnisrede nach Maßgabe desselben Geistes, einem andern Glaube in demselben Geist, einem andern Heilungsgaben in dem einen Geiste, einem andern Verrichtung von Wundertaten, einem andern Weissagung, einem andern Unterscheidung der Geister, einem andern mancherlei Arten von Zungenreden, einem andern die Auslegung der Zungenreden. Dies alles wirkt aber ein und derselbe Geist, indem er jedem eine besondere Gabe zuteilt, wie er will.

1. Korinther 12, 4 - 11

Dienet einander, ein jeder mit der Gnadengabe, die er empfangen hat, als gute Verwalter der mannigfachen Gnadengaben Gottes!

1. Petrus 4, 10

Konnte Jesus wirklich heilen? Was ist seine Botschaft an uns? Wozu sind wir durch unser Bekenntnis zu ihm und unserer Nachfolge beauftragt? Dieses Buch ist eine Zusammenstellung unterschiedlicher Bibelverse, die Antworten auf diese Fragen geben.

Akupunktur
Homöopathie und Christentum

Welche Gefahr geht von naturheilkundlichen Therapien aus?

Oder: Pharmakeia, ID2020
und die Etablierung des Beast Systems

In christlichen Kreisen bestehen oftmals weit-reichende Fehlannahmen über einige naturheil-kundliche Verfahren wie die Akupunktur oder die Homöopathie. Leider werden diese Themen viel zu oft von Predigern aufgegriffen, die von diesen Heil-methoden lediglich das wissen, was einige ihrer Kollegen darüber erzählen. Von den thematisierten Heilverfahren und deren tatsächlicher Funktionsweise besitzen sie jedoch keine Fachkenntnis.

Die bekennende Christin Antonia Katharina Tessnow ist Heilpraktikerin, Tierheilpraktikerin und Doktor der Akupunktur und Homöopathie. Sie beleuchtet diese Themen und lüftet den Schleier vieler Fehlannahmen, der über diesem umfassenden Bereich liegt. Darüber hinaus beleuchtet sie Methoden und aktuell laufende Projekte der 'anderen Seite', eben jenem Zusammenschluss der Medizin, der sich unter dem Label der Pharmakologie vereint.
Zwangsläufig hinterlässt sie einen Leser, der sich fragen muss, ob heute das 'Beast-System' etabliert wird, welches die Heilige Schrift schon vor 2000 Jahren beschrieb.

Tattoo und Christentum

Was sagt die Bibel?

*Eine Antwort auf die Frage,
ob Christen sich tätowieren dürfen*

Dürfen Christen sich tätowieren?

Dieses Thema sorgt im Leib Christi nicht selten für Unstimmigkeit und Diskussionen. Die einen meinen, tätowieren sei verboten und Sünde; die anderen glauben, tätowieren sei wundervoll und erlaubt.

Was ist nun richtig? Was wird von uns Christen erwartet? Und wie gehen wir mit denen um, die anders denken als wir?

Die Antwort kann uns nur die Heilige Schrift geben.

Niemand von uns besitzt den Schluss der letzten Weisheit. Doch jeder von uns kann die Bibel lesen und sich eigene Gedanken machen. Dies ist nicht nur einigen Wenigen vorbehalten, sondern jeder von uns ist eingeladen, sich Gott zuzuwenden, sich Seinem Wort zu öffnen und Ihn allein im eigenen Herzen sprechen zu lassen.

Nichts anderes habe ich getan und meine Recherchen zu dem kontroversen Thema 'Tattoo und Christentum' haben Erstaunliches hervorgebracht.

Mit dieser kleinen und kurzweiligen Zusammenfassung möchte ich dazu beitragen, Klarheit und Frieden in dieses Thema zu bringen.

Seid gut zueinander.

Gott befohlen

Zeichen und Wunder
in der Bibel

*Zeugnisse aus dem
Alten und Neuen Testament*

Jesus blickte sie an und sagte:
'Bei den Menschen ist es unmöglich,
nicht aber bei Gott;
denn bei Gott ist alles möglich.'

Markus 10, 27

***

Hier findet jeder Suchende eine vollständige Zusammen-stellung aller Wunder aus der Bibel.

Möge dieses kleine Büchlein jedem Menschen Zuversicht, Hoffnung und den festen Glauben daran schenken, dass bei Gott tatsächlich alle Dinge möglich sind.

***

Ich danke dem HERRN
von ganzem Herzen
und verkünde alle deine Wunder.

Psalm 9, 2

Abschied
von Habrowan

*Erfahrungsbericht
einer Sudetendeutschen*

Vieles von dem, was wir gemeinhin über die Vertreibung der Deutschen nach dem Zweiten Weltkrieg zu wissen glauben, wird von Augenzeugen- und Erfahrungsberichten aus jener Zeit widerlegt. Auch dieses kleine Buch veranschaulicht das Zeitzeugnis von Betroffenen, das damit den Tiefen der Zeit und der Kluft des Vergessens entrissen ist. Glücklicherweise wurden diese Aufzeichnungen viele Jahre lang aufbewahrt, die nun aufgearbeitet und niedergeschrieben wurden.

Mögen diese Erinnerungen die Seelen der Menschen berühren und sie davor bewahren, die Geschichte zu wiederholen. Möge das Gewissen eines jeden Menschen für Unrecht, Unterdrückung und politisch indoktrinierten Hass sensibilisiert werden. Und mögen all die Menschen, welche die Last eines ungerechten und überflüssigen Krieges zu tragen hatten, niemals vergessen sein.

Ausformuliert und aufgeschrieben von

Antonia Katharina Tessnow

Die Botschaft der Tiere

Der Weg zurück zu uns selbst

Ein Wegweiser durch unsere Zeit

Es ist ganz und gar möglich, den Weg nach Hause zu finden. Wir brauchen nicht zu warten, bis wir diese Welt verlassen und zurück in unsere Seelenheimat gehen, um in den ewigen Gefilden Frieden und Liebe zu erleben. Wir können uns unser Zuhause, das Paradies, auch hier auf der Erde, auf diesem Planeten erschaffen. Es ist tatsächlich möglich, uns in ein neues, anderes Bewusstsein hineinzuentwickeln, von dem nicht nur die heiligen Schriften und die Erleuchteten im Laufe unserer Erdgeschichte berichtet haben, sondern von dem uns auch die Tiere erzählen, indem sie es uns Tag für Tag vorleben.

Wir Menschen können noch umkehren. Wir müssen diese Welt nicht zerstören. Es muss nicht alles so weitergehen wie bisher. Es ist möglich, den Weg zurück ins Paradies zu finden, doch können ihn uns nur diejenigen weisen, die ihn kennen.

Wenn wir den Tieren erlauben, uns den Weg zu weisen, werden wir ihn finden. Wenn wir ihre Botschaft ernstnehmen, sie verinnerlichen und versuchen, sie zu entschlüsseln, werden wir sie verstehen. Die Tiere haben das Paradies nie verlassen. Wer, wenn nicht sie, könnten uns diesen Weg weisen?

Der Hund -
Das unbekannte Wesen

Was Sie tun können,
damit Ihr Hunde Sie liebt

*Ein Leitfaden zur Eingewöhnung
des Hundes in ein neues Heim*

Celtic Spirit

*Eine Reise in die Tiefen
zeitloser keltischer Weisheit*

Madras

Zauber der Palmblätter

Dieses Buch
liegt in deutscher und englischer Fassung vor.

HAIR

Alles über alternative Haarpflege

Sternenstaub am Horizont

oder

Breakable - Zerbrechlich

der Fall

zwischen Selbstwert und Vernichtung

Breakable - Zerbrechlich

Der Skandalroman aus Mecklenburg

Nichts geschieht umsonst
auf dieser Welt

der Fall

Breakable - Zerbrechlich

die Anhänge

Tattoo – Laser – Cover Up

Wenn der Traum zum Albtraum wird

Weiß Du,
was Du mit Dir trägst?

*Eine Entscheidungshilfe
für Tattoo und Motiv*

Stille Nacht, Heilige Nacht

Erinnerungen an einen Heiligen Abend
in den letzten Tagen des zweiten Weltkriegs

eine Kurzgeschichte

Diese Geschichte
liegt in deutscher und Englischer Fassung vor.

Winston

Eine Pferdebuch-Trilogie für Jugendliche

*Der große Sammelband
mit allen 3 Bänden*

Ein Fohlen erblickt die Welt

Die große Show

Nichts ist unmöglich

Copyright der Originalausgabe by

Antonia Katharina Tessnow